名师成长轨迹访谈录

郭华◆主编

QIU XIANGLI:
CONG YOUXINREN ZUOQI

邱向理：从有心人做起

丛立新　黄华

教育科学出版社
·北京·

既然选择了当教师，就要努力做一名好教师。最终能否成为好教师，其实并不重要，重要的是要让自己在努力成为好教师的道路上走得踏实些、坚定些、精彩些！

邱向理

名师成长轨迹访谈录
丛书编委会

丛书序一·顾明远

教育是一门艺术

许多人说，教育是一门科学，又是一门艺术。我更觉得教育是一门艺术。科学是有规律可循的，科学活动必须遵循一定的规则，而且科学的真理是可以重复的。但是教育不同。教育虽然也有规律，教育活动也需要遵循一定的规则，但教育的对象是人，人的一个特征是多样性、差异性、个性化，对不同人的教育要采用不同的方式，因而教育有法，没有定法，需要因人而异，随机应变。教育更像艺术，艺术也有法则，但不拘泥于法则，更多的是创造，一幅画、一首歌都不是重复的，而是不断创新的。教育的每一堂课，对待每一个儿童也不能重复，需要不断的创造。

我看了“名师成长轨迹访谈录”，更坚定我认为教育是一门艺术的信念。林良富老师是一位智慧型的教师，既能宏观把握又能脚踏实地，处处显示出他的教育智慧；刘永宽老师潇洒大气，在不懈的追求中推陈出新；俞正强老师在平淡中显心智，在朴实中表现美；金莹老师喜欢琢磨，把每一堂课都上得完美；邱向理老师大处着眼，小处着手，总能捕捉到教育的细节，关注学生。他们中，有的老师以严肃认真见长，有的老师以诙谐生动见趣，有的老师以细腻关爱感人，个个老师的风格都不一样，就像一幅幅美丽的图画展现在我们面前。这不是艺术是什么？

其中也有一个很奇怪的现象，这些名师都说自己当初并不想当教师，都是无奈的选择。这说明教师在人们心目中还不是“太阳底下最光辉的职业”。但是他们后来却都成为了名师！为什么？他们都说是责任，是对孩子成长的责任、对民族未来的责任，促进他们不断钻研，不断创造。但是，我还想说，因为教育是艺术，有无尽的创造力在吸引着教师。我们每一个人只要走进艺术的殿堂，总会被一件件艺术品所吸引，被他们的艺术创造所震撼。学校就是艺术殿堂，儿童就是一件件艺术品，他们吸引着我们去创造。

教育是艺术，让我们每一位老师都用自己的心和情来画出你的最美丽的画卷！

2007 年国庆前夕于北京求是书屋

（顾明远：中国教育学会会长，北京师范大学教授）

丛书序二·周玉仁

我看名师成长

三百六十行，行行出状元。在各行各业中有各种名家，如名作家、名企业家、名演员、名医、名师……这个“名”不是停留在人的口上，而是种植于人的心中，为人们所认可和称道的。浙江刘永宽、林良富、俞正强、金莹和邱向理五位小学数学名师，成名于他们的不惑之年，被称为第二代名师。不少听过他们的课、读过他们的著作或文章的同行，往往为其精彩的教学和深邃的教育理念所折服。究竟这五位名师是怎样走过来的，读了这几本由北京师范大学教育学院教授带领研究生编写的，真实而又富有人生哲理的“名师成长轨迹访谈录”，会给我们以启迪。

他们并不特殊，很普通，很平凡。他们大多是农家子弟，有的从小立志当教师，而更多人“从教”之理乃是——无奈选择、机缘巧合、子顶父职。但是一踏进校门，他们就被这些天真无瑕的孩子们所吸引，爱上了这个事业，一干就是几十年，而且乐此不疲。

对小学教育的执著追求

小学教育是基础教育的奠基工程，小学教师

是人类启蒙的灵魂工程师。当小学教师不易，当好的小学教师更难。在五位名师走过的几十年教学生涯中，他们经历了不少挫折和失败，饱尝了甜酸苦辣，但是总是认真探索，执著追求，无私奉献，无怨无悔。他们把学生的点滴进步、自己教学的成功片段都视为最大的幸福，并在为小学教育事业默默奉献的同时，体尝到实现自己人生价值的乐趣。

用爱心浇灌学生，创设学生喜爱的数学课堂

教师对学生的爱是伟大而自然的。五位名师都有一颗热爱孩子的真心，他们能“走进”学生的心扉，想学生之所想，乐学生之所乐，并给学生以充分的信任、关怀和尊重。在他们眼里没有“差生”，没有教不好的学生，有教无类，因材施教，促使全体学生能在各自的基础上得到长足的发展。

数学是相当抽象甚至是枯燥的。在数学教学中他们成功的最大秘诀是“让孩子们喜欢我”，亲其师而信其道，进而喜欢上数学课。由于他们是用“心”去教学，充分利用小学生已有的经验，引导大家动口、动手、动脑，在活动中学习数学，把数学变为看得见、摸得着、用得上的学科，使学生感到“数学好玩”，数学就在自己身边，并由“学会”到“会学”，由“会学”到“乐学”。一句话，创造了学生喜爱的数学课堂。

讲求实效，上好每一节课

2001 年全国开展了基础教育课程改革，课改来势很猛。课改对每一位教师来说，既是一次机遇，更是一次挑战。对课改，他们首先是认真学习，接着是积极实验，但不跟风，保持了这个年龄段和层次的人应有的理性态度。他们知道，课堂教学是教育的主渠道，学生的数学才能是要通过多少个 40 分钟一点一滴地培养出来的，自己必须上好每一节课。随着教育观念的更新，课堂教学也必须与时俱进，即使是同一位教师教同一个教学内容，前后的教学设计与构想也往往不同。他们在不断地否定自己，挑战自己，超越自己，完善自己。课一次比一次上得成功，一次比一次上得精彩。他们的课堂教学可以用四个字来概括：实（扎实）、活（灵活）、新（新颖）、厚（厚重）。更值得一提的是，不管情境怎么设计，学习方式怎样改变，在 40 分钟里都紧紧地突出数学的本质东西，把数学的“根”留住。以平常心对待课改，按教育规律办事，课堂教学讲求实效，这就是数学名师的素养。

各自形成自己独有的教学风格

教学是科学，科学的真谛在于求真；教学是艺术，艺术的真谛在于创新，一堂好课往往是科学与艺术的有机结合。鉴于多年教学经验的积淀和升华，名师们都已形成了各自的独特的教学风格。他们的课，有的是朴素平实，平实中见功底，大气潇洒，大气中透灵气，真是留有尾声听余音，使人回味无穷；有的是清晰而细腻，流畅又完美，恰似师生合奏的和谐乐章；有的是简洁严谨，丝丝入扣，含而不露，引而不发，达到与学生思维共振、情感共鸣之效；有的时而奇峰突起，引人入胜，时而妙趣横生，扣人心弦，颇有无限风光在险峰之势……他们的教学风格各异，却都能把数学课上实、上活，教得轻松，学得愉快，使听课的同行感到是一种美的享受。

勤学多思，加强理论学习，提高专业素质

“学而不思则罔，思而不学则殆。”勤学多思乃是每一个教师成长的必要条件。在此瞬息万变的信息化时代，要想适应现代教育的要求，必须不断“充电”。除了参加培训、进修以外，更重要的要坚持读书，挤出时间读书，而且要带着问题读，要读专业书、教育理论书，把自己积累的教学实践经验提升到理论高度，再用教育理论来指导自己的教学实践，使专业素质发生质的飞跃。事实已经证明，勤思多学正是名师成功的一个重要原因。

利用“十一”长假，读完了“名师成长轨迹访谈录”书稿，颇有感触。记下一些感想和体会，权以此为序。

2007年10月7日

（周玉仁：著名小学数学教育专家，北京师范大学教育学院教授。现任教育部中小学教材审查委员，中国教育学会小学数学教学专业委员会顾问，《小学数学教育》杂志副主任委员）

丛书序三·[signature]

面向实践，提升有价值的教育经验

真正的理论一定是与实践有着血脉联系的，是有实践解释力和生命力的。

从2001年3月建院初期开始，北京师范大学教育学院就逐步确立了以不断提高三种能力为核心的发展战略。这三种能力是：解释问题的能力、解决问题的能力和国际化的能力。解释问题主要表现为教育基本理论和基础学科的研究，解决问题主要表现为应用理论研究和应用研究与开发，国际化则主要表现为国际间的学术交流和学术传播。

由于北京师范大学教育学科的历史和积淀，第一和第三种能力的提高有着很好的基础，相对而言，由于种种原因，在面向教育实践、解决现实教育问题的研究和开发方面，我们仍有许多工作要做，我们面临着许多新的课题和问题。为此，从2001年以来，北京师范大学教育学院一方面致力于以组织的名义与教育行政部门合作，为宏观教育决策提供智力支持，与此同时，先后与各地中小学建立了不同形式的合作关系，在一些地区建立教育实验基地，承担中小学委托的课题研究，并开发了若干校长和骨干教师培训产品，开展高端的教育培训。

在几年的培训实践过程中，我们逐渐地意识到，接受培训的对象与我们在高校中所面对的学生是完全不同的群体，他们不仅具有在学的学生所不具备的经验和阅历，而且有着完全不同的需要和学习动机。为了解决这些问题，我们先后在培训的方式和内容上做了大幅度的改变。结果发现这些改变仍然难以完全满足我们所培训的对象的需要。

正当我们感到困惑的时候，2005 年 10 月，浙江省教育厅委托我们承担“浙江省中小学骨干教师高级访问学者”的培训任务。与以往我们所承接的培训任务不同的是，这次培训持续的时间很长，接受培训的教师学科背景非常复杂。这对我们是一个非常大的挑战。经过深入的讨论和思考，我们逐步意识到，作为培训者，我们首先应当转变观念和角色。高端的教育培训在形式上是一种培训，而本质上是一种教师和教育管理干部的专业提升和促进。所以，我们在一般的培训内容之外，致力于探索新的“培训”途径。在与参加培训的教师的交往中，我们注意到，有不少教师不仅具有丰富的实践经验，而且善于思考，常有新颖之见。只是因为平时巨大的工作压力和所受到的学术训练的局限，使他们很难有时间和精力把自己所做、所思、所想系统地整理、总结出来，形成系统的成果，并上升到理论的高度。这使我们“豁然开朗”，使我们思索多时的难题迎刃而解。所谓促进教师的专业发展，所谓大学与中小学合作，固然有许多途径，但从大学的角度看，最为重要的途径就是运用自身的学术资源和优势为中小学教师的专业发展搭建平台，使他们在更高的起点上持续发展，同时也全面提升教育理论工作者关注中小学教师专业成长和中小学教学实践的能力，释放大学对于基础教育真挚关注的实践情怀和浓厚的理论热情。

2006 年 11 月，经过较长时间的精心筹划和准备，由我院几位教授组成的专家组到杭州现场观摩了几位访问学者的课堂教学。在这次观摩中，我们的教授感动于几位教师对教学的热爱所表现出的精湛的教学艺术、对教学的独到而深刻的见解以及强烈的个人魅力。经过不断的探讨和多方面的准备，几位教授于 2007 年暑假赴杭州、宁波等地，与我们精心选定的几位中小学特级教师合作，通过个别访谈、集体访谈和调查等方式，对这几位教师进行全方位的研究，对他们的经验和成果进行了认真的梳理和提炼，编辑了五本著作，集成为“名师成长轨迹访谈录”丛书，力图全面反映和挖掘这几位教师丰富的教育教学和管理经验，并加以理论的提升。我们相信，从这项工作中，教育理论工作者和中小学教师都受益颇多。对中小学教师而言，多年积累的经验一旦经过认真和深刻的反思、提炼，将成为他们今后专业发展的重要动力。同时，教育理论工作者也从中小学教师那里学到了在书本中很难学到、在抽象的理论思考中很难得到的东西。我们希望，这些经过系统提升和凝练的具体的个体经验能够成为具有普遍意义的教育教学成果，使更多的中小学教师能从他们的实践中获得教益。我们也希望，通过有关方面的共同努力，在今后几年中，能继续推出更多的优秀中小学教师的成功经验，为我国基础教育的改革和发展作出贡献。

感谢浙江省教育厅、浙江省高校教师培训中心为我们提供了一次很好的机会，感谢这几位教师所在地区和学校的领导，感谢教育科学出版社的领导和编辑为这项工作所提供的大力支持。

2007年10月7日

（张斌贤：北京师范大学教育学院教授、院长，全国教育硕士专业学位教育指导委员会秘书长）

目 录

引　言
从有心人做起

1997 年 6 月 24 日的《湖州日报》上刊登了这样一篇报道：

实验教学的有心人
——访曾宪梓教育基金三等奖获得者邱向理

“我就是邱向理。”柔柔的声音中，一位年轻女子站在了我们面前。一瞬间，我们愣住了：身为湖州市仅有的两名曾宪梓教育基金三等奖获得者之一的她，只有三十多岁，圆脸，短发，脸上带着热情的笑容。

邱向理 1981 年毕业于浙江省嘉兴师范专科学校（现湖州师范学院）平湖师范大专班，1984 年从长兴中学调入教师进修学校。在教学实践中，她渐渐感到了小学数学教材中的不足。初出茅庐的她萌发出进行教材教法改革的设想。一次，她到富阳（浙江省小学教师培训中心）学习，遇到了中国科学院心理研究所“现代小学数学”教育实验中心副主任张天孝老师，并看到了张天孝编写的《现代小学数学》教材。她感到这是一套培养学生数学能力、发展儿童思维的好的实验教材。

回到长兴后，为实验教材，她奔走于教师进修学校和小学。1991 年 9 月，第一个一年级实验班在雉城镇二小设立了，并设了一个对照班。从此，邱向理在完成本职工作的同时，几乎把所有时间都用在了实验上。为实验班教师分析教材、制订教学计划、设计教学方案；直接指导与示范任课教师操作、收集实验资料、分析数据、随时调整实验措施。一年后，经过多次测查，实验班在数学基础知识、数学能力、数概念形成、计算能力、智力发展等方面明显优于对照班。至今，实验班已从1所学校1个班发展到4所学校30多个班。

邱向理高兴地告诉我们，第一个实验班的学生今年就要毕业了。在小学奥林匹克数学竞赛中获奖的，绝大部分是实验班的学生。随着学习的深入，这种优势将越来越明显。而实验班的任课教师也都成了教学骨干。

2007年夏天，我们见到了邱向理老师，10年过去了，漂亮的齐肩卷发取代了一头短发，不变的是江南女子那柔柔的声音，还有脸上热情的笑容。她坐下来，从儿时的理想谈起，将自己对数学教育的喜爱与执著娓娓道来。而我们的心中，10年前那篇报道里面的“有心人”的形象逐渐丰满，那个扎着羊角辫的邱老师、那个夜闯候车厅的邱老师、那个风风火火搞实验的邱老师、那个两年磨一课的邱老师，还有那个深入浅出的邱教研员、那个能干有魄力的邱校长……一个个鲜活的形象渐渐和我们眼前的邱向理叠加、重合，一个清晰的名师形象赫然在目。从有心人做起，邱向理成就了今天我们所看到的一切。

第一章
怀揣理想

耳濡目染

——邱向理与常年从事教师职业的父母合影

◎“我当时那个害羞呀，一下子扑到妈妈怀里”

访谈手记

1961年，邱向理出生于浙江省湖州市。湖州素有“丝绸之府、鱼米之乡、文物之邦”之称，自战国时期（公元前333年）楚春申君筑菰城至今，已有2300多年的历史。这里人文荟萃，历代闻士贤达与湖州结缘者，难以举数，仅在近现代，便涌现出诸如赵延年、葛剑雄等一大批颇有建树的名师大家，在张前方的《相约成功》一书中，更是列举了近百位的湖州籍名人。早年的邱向理，便是在这块人杰地灵的宝地度过了她人生近四分之一的美好时光。

【邱向理，以下简称“邱”】我爷爷是当地很有名的中医，他常骑一匹白马出诊，别人一说起来就知道的，哦，那个“白马郎中”啊。那时候家里生活条件不错，我们有很大的房子，我印象最深的就是那个书厅，书厅有三开间，近100平方米呢。但是爷爷去世很早，我大伯继承了爷爷的事业，我爸爸当了教师，后来做了校长。我妈妈呢，也是小学教师，她是教低年级段的，也是我的老师，在我眼里，她非常出色，她会把难记或易错的字编成故事或顺口溜，十分形象生动。我小时候会常常模仿妈妈上课的样子呢。

【访谈者，以下简称“访”】有了家庭的影响，邱老师应该从小就很喜欢教师这一行了吧？

【邱】嗯，从小就很喜欢的。因为我爸爸是学校领导，到过很多学校工作，我们全家就跟着他搬家，学校就是我们的家，我记得我还没上小学的时候，全家五口就住在学校一个暂时不用的教室里面。有一回我自己待在家里玩，家里有黑板啊，我就学我妈妈的样子上课。跟玩过家家似的，我就想象着下面都坐着学生。自己呢，蛮神气地站在讲台上，拿着一根教鞭，开始上课，那个教鞭啊，跟我差不多高。

【访】还那么小呢，讲些什么呢？

【邱】就讲我们要上课啊，大家要安静啊，然后呢，老师不是都要板书的吗？当时嘛，也不认识几个字，歪歪扭扭地好不容易写上去。哦，我当时还是要提问呢，我就指着下面的空座位，特别一本正经的样子，说：

“请你来念一下。”

“很好，还有谁再来读一读？”

……

自己玩得正高兴呢，也没注意外面，刚好我妈妈过来，看到我这个样子，哎哟真是又好笑又高兴。我当时那个害羞呀，一下子扑到妈妈怀里，妈妈笑个不停，我更害羞了，在妈妈的腿上咬了一口，妈妈痛得叫起来。后来妈妈把这事告诉了我的女儿。哈哈……

【访】哈哈，好像是小孩子天大的秘密被发现了，所以害羞喽。看来邱老师从小就立志要当教师的啊。

【邱】反正我从小时候起就喜欢学校，喜欢读书，喜欢教师。我有两个哥哥，比我先读书。他们在念课文时我就在他们旁边跟着念，有时哥哥还没把课文背下来，我已经背下来了。爸爸妈妈带我出去，我一看到外面的标语啊什么的，一看到字，就要念，有的时候也不知道什么意思，也不知道正啊、反啊的，就这样反着念。只要我认识的我就念，不认识的就问我爸爸是什么字。我的两个哥哥小时候都很淘气，尤其是小哥，聪明但很调皮，不要读书的，整天就在外面玩，一到周末就有人来家里向妈妈“告状”，说你们儿子在外面打架啊什么的。我呢，虽然是家里最小的，反而要管我两个哥哥。妈妈经常督促哥哥完成作业，但妈妈总是劝我说：“好啦，不要看书了，出去玩去。”总之我很小就喜欢读书。家里也希望我长大了当教师，特别是我爸爸，他一直就觉得，我这个人就应该当教师。说起来，我们家和教师是很有缘的，我的外婆是小学教师，我爸爸妈妈都是教师，后来我结了婚，我的婆婆也是小学老师，所以呢，这里好像很有教师情结的。

访谈手记

一句简单的“教师情结”，铺就了邱向理一生的职业生涯。在后来的访谈中我们发现，不论是去中学、去教师进修学校、去教研室或是去小学，邱老师谈起那里都是一副乐在其中的样子，丝毫没有一般人想象的那种“向下走”[①]的无奈、遗憾或是不甘。邱老师自己的解释是喜欢，只要是和数学教

---

① 所谓“向下走”，指的是邱向理从中学教师到小学教师，从任区教研中心主任到小学校长的经历。

学，和教育研究有关的事情，她都愿意去做，至于具体到什么岗位去，并不是非常重要。这样的一种胸襟和眼界，追根溯源，大概就是这个“教师情结”埋下的种子吧。

◎“如果考了99分，我是要哭鼻子的”

访谈手记

邱向理从小就非常喜欢读书，学生期间她一直都是班长，成绩也一直很优秀。我们最初猜想或许是父母都做教师的缘故，但在后来的访谈中我们得知，邱向理的父母从来没有给她辅导过功课，相反，父母倒是时常劝邱向理多休息，多出去玩一玩。如此看来，邱老师的成绩只能归结到骨子里天生的那股拼命劲头上去，当然，还有她那种不服输的倔强性格。

【邱】我上小学的时候，是非考100分不可的，如果考了99分，我是要哭鼻子的。回到家里就不吃饭，我妈就劝我说，好了，99就够了，但我就是不行。特别是数学，我一直就要求自己要考满分的。我就容不得自己有错，到初中时还是这样，可能是我们那时的初中内容比现在简单吧，又加上是乡下的学校，要求不高吧，觉得数学考满分应该不是一件难事。如果真的是不懂考不好，那也没办法了，如果是粗心造成，那就更恨自己了。

【访】老师一般都会比较喜欢这样的好学生的，您对当时的老师应该有很深的印象吧？

【邱】开始我跟着我父亲在农村，一个叫“里塘公社”的学校，那个时候“文化大革命”刚结束嘛，老师基本上不是师范毕业的，教学水平还是很有限的，当然人都很好，工作勤勤恳恳的。读中学时我数学很好，主要就是得益于当时的严为群老师，他是大学数学系毕业的，也是我们学校唯一的一位科班出身的数学教师，他讲话很幽默，听他的课很轻松。我们小时候不像现在这样，学生有那么多的课外辅导用书和课外习题书。一次他叫我到办公室，借我一本数学习题书，我十分高兴，回家做啊做啊，做不出来就去问严老师，他总是十分耐心地讲解，我越学越有兴趣。也许严老师已经不记得这事了，但我永远不会忘记，我从心底里感激他，是他让我爱上了数学，在考大学填志愿时我毫不犹豫地选了数学专业。高中在公社学校里读了一个学期，我就觉得，我应该转学，到更好的学校去。我妈妈也支持我到外面去读，我的伯父在浙江省桐乡县梧桐镇，我就住到他们家，进入了桐乡第一中学读高中。

桐乡一中的师资力量很强，教师基本是大学毕业的，有些还是名牌大学毕业的。我记得当时有一位翁老师，是我们的语文老师，那时候嘛，男同志基本穿中山装，衣服都有四个口袋的，一般的老师啊，都会在胸前小口袋里别一支钢笔啊什么的，他不是。他每天不管走到哪里，从来都是上下左右四个口袋都是字典、词典，大的、小的，他个子小，揣得鼓鼓的四个口袋特别显眼，开始啊，我们看到他的那副怪样子，都忍不住要笑的，认为他是个怪人。可后来，我们发现，只要学生有需要，有问题，他随时掏出书来翻。他是一心要把所有的知识都教给学生，同学们一个个都感动得不行，我想，为了翁老师也要好好读书，一定要考上大学报答老师。

【访】 *真是位敬业的语文老师，应该是您的班主任吧？*

【邱】 不是不是，只是任课教师，当时不管任课的还是班主任，都非常负责的，都把学生的事情当成自己的事情。你说到班主任我想起来了，我现在印象还很深的。因为我是从长兴转学去桐乡一中的呀，所以有好多同学给我写信啊，我远离家乡，也很希望收到家乡的来信，传达室里面几乎每天都有我的信。有一天，他就找到我，给我分析："你看，你还有一年就要参加高考了，时间非常紧，但是现在每天光是回这么多信就要花掉很多时间，多可惜啊。再说你的那些同学嘛，也都是要参加高考的，大家少写一些信，一起抓紧时间，努力学习，以后一起考上大学不是更好吗？好朋友也不在乎这一年半年的时间对不对？"

从那次他跟我谈话以后，我就开始注意少写信了，我把他的话都写给我农村中学的那些同学，他们慢慢也比较少来信了。这位老师叫俞正贻，非常认真的一个人，说实话我都有点怕他。记得毕业以后我给他写信，他回信的速度特别快，他把我的信当做学生时代的作业一样，一句一句地仔细看，还要改病句的。当时我写了一句"自从上次分别"，他专门在回信里给我标出来，然后在后面替我改过来"自从上次分别以来"，再把批阅过的信寄回给我。从此以后，我给俞老师写信特别小心，写完了都要认真检查几遍。

【访】 *呵呵，您每次给他写信都特别累吧？*

【邱】是啊，跟考试写作文一样，后来上了大学忙了就不写了。嘿嘿，主要是自己比较懒，有点嫌麻烦，老师是多么希望他的学生完美些再完美些啊，可怜天下老师心啊！

【访】除了有这么多优秀教师的帮助，当时邱老师您自己也是很努力的吧？

【邱】我刚到桐乡一中读书的时候，发现自己确实与班里成绩好的同学有差距。那个时候，我拼命赶啊，赶啊，就觉得自己来不及了，一天到晚地学。但是教材上的那些习题做完了是远远不够的，爸爸给我寄来一套书，专门是讲高中的几何和代数的，我就自己看，不懂就去问老师。还有英语，我从来没有学过，到了桐乡一中，我就自己听广播，当时太累了，经常是刚把收音机打开就睡着了。

高二的时候，学校要在六个班里考试，选出一个快班来，我就着急了，我想进快班。所以那个时候我就拼命啊，还好，考进了，我也很开心。但是在那个班里我成绩又算差的，所以我又开始拼命补课。教过我数学的蒋老师已不是我现在快班的数学老师了，但是每天中午，我吃了饭就到蒋老师家里去，老师就住在校园里。当时老师都是很好的，哪有什么补课的说法啊，更不要说收费了，我一分钱的东西也没有送过，连句好话也没说过，那个时候我也不会说。经常是老师饭还含在嘴里，就开始给我讲题。现在想想，我怎么好意思啊，老师上班已经很累了，中午不让他休息。但是，那时老师还常在同学面前表扬我，不懂能主动找老师呢，他希望更多的同学能主动找他辅导呢。真的是很感激我的老师，都是一心一意的为了让我们考上大学。我们是1978年考上大学的，1977年恢复高考，那年是全省统一试卷，1978年是全国统一试卷，学校非常重视啊。临近高考的时候，学校在我们这个快班里再考，选了约30个学生编成一个“尖子”班，把全校最强的老师都汇入到这个班，还好，当时我又考进了。最后我们班22位同学考上了大学。那时候不像现在大学招生数这么多，我们全校考上这22位学生已经算是录取率高的了。

【访】有点难以想象啊，您高中的时候就开始奋斗了，现在好多孩子在您那个年纪的时候还都懵懵懂懂不知世事呢，当时您怎么想的啊？

【邱】反正那个时候嘛，住在伯父家，伯父伯母都要工作的，家里还有位堂姐，堂姐很照顾我，不要我做家务。当然我对生活上也没有任何要求，只要回家有饭吃就行。当时也没什么想法，就是一门心思读书，准备考大学。

那时夏天家里没有电扇，更没有空调，伯父家住在二楼，也是顶楼了，晚上，热得不行啊，我左手扇扇子，右手写字，不一会右手臂的汗水湿透了作业本。我早起晚睡，与时间赛跑。

【访】一个人在外面，会想家吗？

【邱】怎么不想啊，一个人在外面啊，年龄又小，当然会想的。我记得有一回，我走在上学的路上，突然听到一个人在讲我们家乡的话，多么亲切啊，我就跟在那个人后面。我那时候胆子也小，因为是陌生人，也不敢去跟他讲话，所以就一路跟着，走到很远很远才想起来，啊，我是要上学的，怎么走到这里来啦？

【访】虽然那么辛苦，可毕竟功夫不负有心人啊，最后结果还是蛮好的，湖州师专是您自己选的志愿吧？

【邱】对，自己选的。当时全校就考上 4 个女生，我是其中之一。

报志愿的时候呢，我一个是想当医生，一个是想当教师，因为我爷爷是医生嘛，伯父伯母也都是医生。另一方面呢，我爸爸妈妈都是教师，我觉得这两个职业都挺好。在恢复高考之前，我们高中毕业就面临下乡，我们兄妹三人，我大哥留城工作了，我小哥已经下乡了，如果不恢复高考，我高中毕业以后应该是要下乡到农村的，我爸爸妈妈也有打算，说："你高中毕业以后下乡到农村，找一个小学去当代课教师吧。"爸妈总觉得我当教师最适合。

访谈手记

1977 年我国恢复高校招生全国统一考试的决定，使得恰逢高中毕业的邱向理成为那个时代的幸运儿。父母的计划终究因为湖州师专这一"计划外事件"而搁浅，她不用再费尽心思地去农村找机会当代课教师了，而是可以凭着自己的学习成绩去争取受教育的机会，名正言顺地朝着自己的理想迈进。

◎"我真的是犹豫了，是不是要教书？"

访谈手记

1981 年，邱向理以优异的成绩从嘉兴师范专科学校（现湖州师范学院）毕业，被分配到了当地最好的中学——长兴中学。坐落于太湖西畔的长兴中学创办于1940年，时名“长兴县战时初级中学补习学校”。1956年定名“浙江省长兴中学”。1960年跻身于省十四所重点中学行列，校内名师云集。但由于十年“文化大革命”对整个教育系统特别是师范教育的破坏，学校已鲜有年轻的教师。作为“文化大革命”之后经历正式统考的第一届大学毕业生，邱向理无疑属于其中年龄最小的一批。但是，初出茅庐的邱向理在事业上并非一帆风顺，第一次教课的惨痛经历甚至让她对自己的教师理想产生了动摇。

【邱】我第一天去长兴中学报到，扎两个小羊角辫，穿的也还是学生样子，第一个见到的是一位年纪很大的教务主任，看看我，不假思索地就问：“是来报名高（考）复（读）班的吧？”我就给他看教育局开给我的报到介绍信。他认真地打量着我，半天没说话。也许是觉得我不像教师吧。第二天，通知我任一个“留级班”的数学课，任初中9个班的音乐课，再兼少先队大队部总辅导员。“留级班”是什么概念，我傻了。

【访】什么叫“留级班”呀？

【邱】这是原来的初一年级4个班中的“双差生”合成的一个班，学校让这些学生重读一年级。这个班在教室安排上也不一样，学校怕这个班影响其他班，特意把这个班放在一个离其他班很远的教室，教室对面呢，就是教师办公室，等于就放在教师眼皮底下。

【访】“好班”“快班”倒是经常听说，这样的“留级班”还真的比较少见呢，您还记得当时去上课的情形吗？

【邱】喔唷，忘不了的啊，那是一个什么样的班呀！上课铃一响，我站在门口，那个时候我们读师范，老师不是都讲嘛，要“站在门口，扫视教室，用目光提示学生做好上课准备，等待上课。”可当时我站在教室门口，扫视了半天，别说做好准备了，根本没人理我的，一整班的孩子，跳的跳，叫的叫。我走进去上课，声音肯定是没办法盖过他们的。不瞒你说，整个一个学期的教学都是乱七八糟的，就算你准备得好也没有用，说实话能想办法一节课让学生不要吵得太厉害就行了。那时其他女教师虽然是老教师了，也常被气得哭着跑回办公室，我没在学生面前哭过，我对自己说，绝不能在他们面前哭，我就是要坚持把课上下来。但是，说心里话，那个时候，我一站到那个教室的门口，就很懊恼的，整个人的状态就非常不好。我甚至想，我一辈子难道就是干这样的工作吗？我真的是犹豫了，是不是要教书？

【访】这应该是一群很特殊的孩子吧？

【邱】对，那个时候“文化大革命”结束不久。之前嘛，学校不太重视教学质量，加上一些学生不懂事，不想学习，因此基础确实很差，同时学习习惯也不好。自从恢复高考以后，长兴中学对提高教学质量非常重视，很担心这些学生会影响其他学生的学习。就把这样的学生单独编班。不清楚学校这样编班还有没有另外的原因。我不是这个班的班主任，但我还是主动地去学生家家访，因为我觉得这样不行，需要多了解学生，我们的教育需要取得家长的支持与配合。当时呢，也没有电话什么的，都是事先跟学生讲好，比如这个周日邱老师要去你们家里家访啊，跟你爸爸妈妈说一声啊。结果礼拜天我到了学生家里，哪里还有人啊，小孩子早就跑得没影了，更没把我要来家访的事与家里人说。这些孩子的家庭条件大部分不太好。有经济条件很差的；有家长自己的生活习惯不好的；有单亲的；也有的家庭条件很好，家庭教育不好的。总之情况复杂。我作为一个年轻的新教师，很难与这些家长沟通。我遇到了一群特殊的学生，也遇到了一群特殊的家长。一个学期，我访问了不少家长，虽然有些家长，看我太年轻对我不是很信任，也不愿与我多谈，但我觉得，班级的管理，家访是一种有效的手段。说来也好笑，只要我对学生说，周五去你家，这一周内，这个学生会收敛很多。面对这样的学生我没有办法正常地教学，实在无奈。

访谈手记

众所周知，那时由于“文化大革命”结束没多久，难免有一部分孩子，无论是在学习习惯还是在学习态度上，都存在比较大的问题。对于这样一批学生，学校的态度和策略尤为关键。长兴中学出于教学质量和班级管理的考虑，将这些令人头痛的孩子集中到一个班里，实事求是地说，实在算不上一个好办法。因为若分散在普通班里，尚有榜样的示范和集体的约束，教师对少数问题学生的“兴风作浪”也可采取分而治之的策略，然而如果将各路“英雄好汉”聚集一堂，只会使得难题扎堆、问题成群，无论管理还是教学都更加无从下手。邱向理老师回忆起当时的情形，至今还心有余悸。

【邱】到了第二个学期，学校对这个班的学生和任课教师做了调整。

【访】这一段经历确实不寻常，对您后来的工作有影响吗？

【邱】影响肯定是有的，我现在觉得反而是帮助更多些。因为这一学期啊，我真的是经历了最差的、最吵的学生。你想啊，连这样的留级班都带过了，再换什么样的班我都不怕了，而且我会觉得很好了。当我去接别的班时，我就觉得自己很老练了。现在想起来，这就相当于新教师的见习期一样，我的见习比别人痛苦，但我的适应比别人快。

我在长兴中学工作了近三年，除了教数学，还教音乐。学校大概了解到我在湖州师专念书的时候是当文娱委员的。其实我对音乐不内行，只是会弹弹风琴，到了师专，我们虽然没有音乐课，但学校有位音乐教师，因为学校经常开展文艺活动，我与音乐教师很熟了，跟她学了手风琴，读书时我们有晚唱，也就是晚自修前我们班自己学唱歌曲，都是我组织教唱的。我妈妈小时候喜欢跳舞，她的同学说她在学校读书时跳舞小有名气，大概是遗传，我好像天生学动作比较快，一直到现在也是。我们杭师附小教师学太极拳，我看几遍，就能照着样子打出来。在师专时利用课余时间我还学了一些舞蹈，弹琴和舞蹈的基础在长兴中学全用上了。在长兴中学我还担任了少先队大队辅导员。

【访】您担任学校少先队辅导员工作有没有遇到困难？

【邱】当然有困难，而且我有过很“尴尬”的经历。9 月份开学后很快就到了中秋节，学校团委决定全校举行“中秋赏月”活动，高中部由学生团干部组织，初中 14 个班由我组织，因为我是大队辅导员，又是音乐教师啊。到校报到没有几天的我，简直不知道从何着手。团委书记沈老师，教我这教我那，我也很认真地照着做，中秋节终于到了，晚上，全校学生在校园的操场上，按指定的地方坐好，就等着开始了。半天没人上场主持，各班的老师与学生开始不耐烦了，团委书记沈老师着急地找到我，问，怎么不开始啊，全场乱哄哄的，谁主持啊？我晕了，我以为做好了通知、联络、组织表演的节目等等的事，就可以了，团委书记脸一沉，这个活动是由你负责的，你怎么搞成乱七八糟的。说完她上场主持活动了。我当时尴尬啊，恨不得马上变成一溜烟消失掉。对这个活动，班主任老师也有意见，总觉得整个过程这也不清楚，那也没秩序。也许沈老师以及那时的班主任老师已经不记得这事了，但对我来说永远不会忘记。

第二学期，接县团委通知，“六一”节，县城几所学校的少先队参加“六一”大检阅活动。团委书记对我说，要认真对待这次活动，长兴中学表现一定要出色，决不能落在别的学校后面。这一次，我从活动的设计、准备、动员、训练做了详细的安排。主要是我真正以“活动负责人”的角色在工作了，我组织高中部学生团干部一起准备，借了一辆卡车，车的装饰和少先队员在上面的造型都很具特色，各班的列队训练也十分认真。检阅的那一天，长兴中学的队伍从检阅台走过时，台上台下掌声雷鸣。我流泪了。活动后，沈老师高兴地说“小邱啊，你怎么进步那么快啊？把活动搞得这么好！”大概是我组织活动啊什么的还是挺像模像样的吧，接着我被学校团委吸纳为团委委员，也当选了团县委委员。

访谈手记

经历了第一次短暂“磨难”的邱向理，在今后的各项工作中上手都非常快，并且在很短的时间里便能做得有模有样。在长兴中学的两年多，邱向理除了承担数学课和音乐课的教学，还担任全校的大队辅导员，其出色的工作成绩有口皆碑，由于表现突出，她还被选为团县委委员。这一切，让学校领导对这个刚毕业的小丫头不禁刮目相看。1984 年，长兴县教师进修学校提出需要一名数学老师担任中师课程的教学任务，同时需要一个团总支书记。数学专业毕业同时兼任校团委委员的邱向理显然是再合适不过的人选了，于是，邱向理从长兴中学调到了县里的教师进修学校。这一次调动，无疑是邱向理人生旅程中一次重要的转折。

第二章
珍惜机遇

精益求精
——邱向理（左三）与张天孝（左二）
等人讨论教材

◎“我当时真的是被张老师的那种精神感动了”

访谈手记

不难想象，刚刚教完近三年初中的邱向理立刻接手教中师的课程，自然会遇到不少的困难。在湖州师专，邱向理除了学习数学专业的学科知识以外，主要学的是怎么当一个中学教师，怎么把知识传授给孩子。而说到培训教师，不仅涉及如何当教师的问题，还涉及如何指导别人当教师的问题。这就好比，自己会做数学题是一回事，教别人做题是另一回事；自己当教师是一回事，教别人当教师又是另一回事。后者以前者为基础，却又有着很大的不同。如何在这两者之间很好地转换，是邱向理面临的第一个挑战。

【邱】长兴县教师进修学校承担着全县的教师培训工作，后来又成为湖州师专的一个教学点，第一届招的是民师班，两年制的，就是民办教师当了一段时间以后，去考的中师。这时我刚产假回校，学校让我当了这样一个班的班主任，并任这个中师班的数学课。学生都比我大，教龄都比我长，他们至少有三年教龄。应该说，班主任工作和教学工作还都比较顺利吧，我当时是学校的团总支书记，我所带的班的团支部被县团委授予“先进团支部”，班里有三名学生入了党。后来，学校又招了一届初中毕业升师范的师范班，这时，学校突然通知我要上“小学数学教材教法”课。原来这门课我们进修学校就没人上，一直是请湖州师范的老师来上的，可是现在这位老师不能来了。学校让我顶上。难死了，怎么上法？我又不是小学数学教师，又没有这一方面的实践经验，我怎么去上这个课呢？真的，那个时候我觉得非常茫然，很困惑。后来骨干教师培训也遇到了类似的情况，他们都是小学教师，在课堂教学方面比我有经验、有能力多了，怎么去培训他们呀？很困惑的。就是在这个时候，学校派我到省小学教师培训中心去参加一个小学数学教师培训。在那里，我遇到了杭州市上城区教师进修学校的张天孝老师，那一次培训，对我来说，特别是今后的路应该怎么走，起到了一个很关键的作用。

【访】当时张老师都讲了些什么呀，让您有那么深刻的印象？

【邱】张老师主要是以《现代小学数学》教材为例，讲关于小学数学教材教法的研究，他呢，当时是杭州市上城区教师进修学校的校长，他带着进修学校的教师搞小学数学的教学改革实验，他们正在编写《现代小学数学》这套教材。那时张老师已有很多的小学数学教学方面的专题研究成果。听他的讲座时，我马上就联想到我自己正在上的那门教材教法课中的一些问题，很多东西啊，听完他讲以后，我才知道，哦，原来这些问题可以这样思考，我原先都不知道哦。张老师用他那带有浓浓的浙江嵊县口音的普通话，津津有味地讲解着他的教材编写思路，整整一天，他越说越精神，他的声音始终很响亮，他思维十分敏捷，记忆力惊人。他讲到数学题时，题目中的数据能迅速地背出来。我真的被他那种全身心地投入小学数学教学改革的精神感动了。

讲座完了我情不自禁地跑去跟张老师聊天，他还是滔滔不绝地与我谈他的教材呢。我也越来越被这套教材吸引了，向张老师请教了许多问题，张老师耐心地一一解答。培训结束，我与张老师一起坐车回杭州。路上，张老师说，如果你有兴趣，可以参与教材实验。想不到，就是张老师的这句话，让我走上了小学数学教学研究的道路。

访谈手记

这确实是一个非常好的机会，《现代小学数学》这套教材是在九年义务教育教学大纲的基础上，重新构建了小学数学现行教学内容的知识结构。它最大的特点在于整套教材以“1”为基础标准，以揭示小学数学中部分与整体关系为主线，着力揭示数学知识内在的辩证关系，以利于形成学生良好的认知结构，提高学习效益。1984 年经全国中小学数学审定委员会审查通过之后，以张天孝老师为核心的研究团队便以这套教材为蓝本，在全国 24 个省、自治区、直辖市近 1000 所学校主持开展了一系列以发展小学生数学能力为主的教材教法改革实验。年轻的邱向理能够有机会加入到当时最前沿的研究队伍中，无疑将对今后的专业发展大有裨益。

◎“六年实验下来，多少支持啊”

访谈手记

我们都知道教学实验的重要性，因为要想在学校教育中有所突破和创新，光靠纯粹的理论思辨，从词语上重新表述或者新编一些教学原则和要求是不行的。人们必须根据教学面临的任务对学校的实际进行深入的研究，探讨适应学生发展的、适应当前教学实际任务的新的原则、规则和要求。这些都需要大胆的教学实验，对实际的课堂教学进行专门的考虑和实践。但另一方面，我们也都很清楚，即使在今天，开展教学实验也不是一件容易的事情，既需要理论、智力的支撑，还需要人事、财务等方面的保障。特别是领导上的、组织上的支持，单靠几个人一腔热血、满腹热情，其中的艰辛简直难以想象。而在当时，不足25岁的邱向理，人微言轻、势单力薄，竟然凭着自己的一点信念，当起了“光杆司令”。

【邱】那次培训回来。我又认真地学习张老师送给我的教材和相关的资料，把我们长兴县小学用的教材与《现代小学数学教材》进行对比，进一步感到，《现代小学数学教材》无论是先进教育理念体现，还是儿童思维能力的培养，都有很大的优势。我想应该将《现代小学数学教材》引进长兴实验小学，让我们的孩子用到更好的教材。我也希望自己能在教材实验的过程中深入小学，研究小学数学课堂教学，让我的小学数学教材教法课堂教学生动起来。我把想法告诉了我们长兴教师进修学校的校长，校长说，想法很好，可以找实验小学校长联系联系。但是，中间嘛，也是经历了很多波折的，最后教育局局长帮我联系了县城镇上的普通小学“雉城镇二小”，那个学校的李校长非常欢迎我去他们学校搞实验，我很感激他给了我一个实验的基地。我很珍惜这次到小学进行教学实验的机会。但我的压力也很大，如果实验结果不好，我就对不起雉城二小实验班的学生和家长，对不起支持我工作的领导啊！

【访】有压力才有动力啊。给我们讲讲您当时具体的实验情况吧。

【邱】当时我是找了两个班，一个实验班，一个对照班。实验班用《现代小学数学》教材，对照班不用这个教材。二小领导很重视这项实验，专门给我派了一个很有经验的教语文的班主任。实验班的数学老师是中师毕业，在农村教了三年语文，没有半点教数学的经验。小学数学教学对我来说，我实质上也是从头开始啊，也没教过小学。所以搞这个实验对我和这位数学老师来说确实是不容易的。除了在进修学校上课以外，我基本上就是呆在那个学校，不是我上课就是她上课我听课，我们一起分析教材，一起做观察记录。我还为家长讲课，取得家长对我们实验工作的支持。那时的我像着了迷似的，一心扑在了实验工作上。记得那是在 1991 年的 12 月，我们的实验工作进行了近四个月，我校举办全县小学数学骨干教师培训班，我是组班教师，也是主讲教师，我就在实验班上为骨干教师上小学数学课“数方块”，那一次张天孝老师也从杭州赶到长兴参加了我们的活动。

【访】张老师听了您上课之后怎么评价呢？

【邱】张老师听完课以后，做了点评，他很赞成我对教材的分析，而且感叹地说：“哎呀，真不容易，教师进修学校的老师，居然坚持在这里自己带课搞实验，而且是亲自上课。”那个时候，我们进修学校的校长虽然也很支持我，但他没有减轻我在进修学校的工作量。其实我当时是承担着很多课的，又要当班主任，又要上骨干教师培训的课，全县的小学数学教师的培训工作，基本是我来做的。他说学校的工作你不耽误，其他的时间你都可以到小学去。就这样我坚持穿梭于长兴教师进修学校和雉城镇二小。在坚持实验的几年中，我也得到了许多支持啊！

【访】之前记得您谈到，也算是出身教师世家，爸爸妈妈一定是首当其冲、不遗余力地做您的坚强后盾吧？

【邱】那是的，最初搞实验，我们家都很支持我的。我第一次在雉城镇二小开课的时候，连我妈妈都去了，她还把她在教研室搞小学数学教研工作的同学也叫去了。她说你帮我去看看我女儿，看看她到底这个课上得怎么样，帮帮她。当时我妈妈听完课说，课上得还是不错的，但是感觉你好像还不是一个小学老师。然后她就跟我说，你要怎么样去观察学生，怎么样去走近学生。其实呀，这些就是我现在跟年轻老师说的那些话了。在这个过程中，我爸爸也是很支持我的，开始联系实验学校时，爸爸会亲自陪着我，因为爸爸那个时候在教育局工作了。学校和教育局的人他熟悉。自己是当教师、当校长过来的，他对教育事业情有独钟吧，他总希望我好好工作，成为一名好教师。尽管那个时候，当教师在社会上并不吃香，教师队伍中改行的人很多。那个时候我不仅有家庭的支持，学校的支持也很大的。学校经费并不宽裕，但我经常有外出学习的机会，去杭州啊，北京啊，天津啊，学校都是很支持的。

【访】后来实验的成效如何？

【邱】后来嘛，确实成效很不错，一年下来，实验班在全县统一考试调查中，成绩名列前茅。就这样，实验班在长兴县的影响大了起来。长兴县实验小学老校长退休了，新校长上任后特意来我家与我联系，实验小学也要参加教材实验。我心里说不出有多激动，我很希望实验小学参加这项实验。到第五年的时候，正好有奥数比赛，当时全县有两个一等奖，两个二等奖，三个三等奖。其中的一个一等奖就是这个实验班的，两个二等奖都是被这个班的学生拿来了，还有三等奖，也就是说，光这个实验班居然就囊括了县的一二三等奖，当时大家就呆啦，怎么回事？这个雉城镇二小，以前是很普通的学校，连三等奖都没得过，历史上也是没有数学获奖记录的，一下子冒出这种事情，上上下下都非常兴奋。毕竟在当时，搞这样一个实验是没有的，而且能坚持这么做，更是没有的。其实我们所带的实验班数学竞赛获奖只是其中一方面的效果，更重要的是，我们的实验班学生的数学能力确实提高了。那个时候《长兴日报》、《湖州日报》都开始报道我们的情况。

【访】您一个人，搞这么一个实验，一下子取得这么大的成绩，确实有点意外。您觉得主要是什么原因呢？是这套教材的吗？还是说您和那位实验老师比较尽责，也比较用心？小孩子嘛，觉得自己是实验班的，学的也更起劲一些？

【邱】你说的这些呢，应该都有的，但是我觉得主要还是教材的原因。

【访】那么您觉得这套教材好在哪里呢？

【邱】那确实不一样的，《现代小学数学》跟老的那些教材比起来，确实有很多新的东西、新的理念在里面的。这套书主要特点是促进儿童的思维发展。比如在计算方面，一般的看法呢，计算嘛，无非是一种技能，是没什么思考性的。但是在《现代小学数学》里，在计算方面设计了很多的内容去开发学生的思考力，一系列的思维训练内容，都融到教材里面去了。

【访】当时只有您实验的那个学校用这套教材吗？

【邱】其他地方也有用的，因为张老师的这个实验在好多地方都搞的。但是当时在我们湖州地区，开始确实就我一个人在雉城镇二小的这个实验班用。在长兴县参与我们这项实验的学校越来越多了，湖州双林庆同小学因为与长兴雉城镇二小是结对学校，庆同小学也参与了我们这项实验。我记得那个时候参加我们这项实验的班级已近 40 个。后来，湖州市区也有学校加入实验。就这样，这个教材慢慢地在湖州地区生根开花了。

访谈手记

邱老师谦虚地把主要功劳归于教材，绝口不提自己。当时的实验教师，也就是访谈中邱老师提到的那位合作教师——雉城镇二小实验教师张汉琴。最初接触现代小学数学这个实验时，张汉琴老师只是一个刚从师范毕业了三年，并且没有教过数学学科的新教师，是《现代小学数学》将她带入小学数学研究的行列，是邱老师手把手地教给她小学数学学科的教学方法、理论，将这个从未涉及过小学数学教学的农村语文教师，一点一点地转变成一个对小学数学教学兴趣浓厚的数学教师。下面就是张老师给我们回忆的当时实验的情形。

【张】在实施现代小学数学的过程中，邱老师付出了艰辛的劳动，倾注了所有的精力。记得那时候，每天早晨的第一节是数学课，邱老师早早就来到了教室，端端正正地坐在教室的后面，听我上课，然后再对我在课堂上的表现进行评价、指导，使我在教学上有了飞速提高。那一段时间也是我在教学上提高最快的阶段，为我以后的工作奠定了扎实基础。

邱老师对待科研的态度非常严肃、谨慎。注重实验材料的真实性、及时性，重视对实验数据的分析。在当时组成实验班的时候，邱老师要求实验班的学生成员要按随机抽取的办法选定，并设立了对照班，在实验前对实验班和对照班的学生情况进行了前测，为实验的顺利进行提供了有力依据。在实验中途，对每一次测试都要进行数据分析、比较，以观察实验进行的状况。

访谈手记

功夫不负有心人，付出总会有回报。六年实验一路走来，除了自身认识水平的提高和能力的增强，外界也给了邱向理极大的肯定，当地的许多媒体纷纷把她作为一个改革者进行报道，各项荣誉也纷至沓来。这不禁让我们想到胡适先生 1937 年在中华教育文化基金会上的发言：“三十多岁的人做研究，那是本分；二十多岁的人做研究，应该得到鼓励。”1995年，邱老师和张天孝一起评上了全国“曾宪梓教育奖”，张老师是一等奖，邱老师是三等奖，那个时候，全国三等奖也才1000个，是一项非常珍贵的荣誉。随着邱向理自身的成长与成熟，加上影响力的与日俱增。1998年，邱向理作为人才引进，来到了杭州上城区教师进修学校。这一次的调动，为邱向理的职业生涯提供了更多的机遇和挑战。

◎“这里的氛围很好”

访谈手记

杭州市上城区教师进修学校，肩负着提高全区基础教育的教学质量和教师素质的重大任务。它聚集了上城区的大批优秀人才，经过多年的努力，已经成为一所非常有影响的研究机构和教师培训中心，特别是在教学教法研究和实验等方面，处于浙江省的领先地位。这样的一个工作环境、研究团队和学术氛围，对邱向理的个人专业成长无疑非常有利。

【访】您到杭州之后好像就开始从事研究工作了吧？

【邱】在上城区教师进修学校的教师都有三重身份：区教研员，区科学研究员，区教师培训员。这样的角色对我很有利，我再也不需要像以前那样为找一个实验的学校而发愁了。在上城区，想到哪个学校做实验，想要听课，都非常方便，这给我提供了一个更开阔的研究空间和平台。

【访】这时候不需要再像开始那样“单枪匹马”搞实验了吧？上城区教师进修学校可是大名鼎鼎啊，应该有一帮人在搞这个事情吧？

【邱】对，上城区教师进修学校，这里的氛围很好的，我的身边就有很多在小学教育界很有名气的特级教师，除张天孝老师外还有小学语文特级教师王燕骅、张化万、杨明明，小学数学特级教师朱乐平，他们都是我学习的榜样。我来到上城区教师进修学校，除了学校的工作外还经常参与《现代小学数学》教材编写的讨论。

我们上城区数学教研组在张老师的带领下，经常研究教材的编写工作。在这里呢，我可能没有像以前那样有很多去外面学习和培训的机会，但是，这样的教材编写讨论比许多培训都管用的。我们在讨论的时候，氛围很好的，无拘无束，多种观点的碰撞，多种思维方式的交流，这就是一种培训的极好的方式。张天孝老师在小学数学研究方面积累很厚实，但他在讨论问题时没有一点架子，很能够听我们的意见。所以我们就越来越大胆，从来没有说好像谁是权威啊，不敢说什么的。我反对就是反对，立刻就说出来，大家都坚持自己的想法，慢慢的，问题越争越清晰，最后还是能达成一致，那种讨论的氛围很好的，大家都能从中获益，教材里的好多东西就是这样子“争”出来的。

【访】长期在一起搞研究，有您比较佩服的老师吗?

【邱】我特别佩服张天孝老师，照他自己的话说，“一辈子做一件事”，可以说他研究了一辈子的小学数学教材，我佩服他那种执著的精神，我还敬佩他那种勇于自我否定的态度，有时教材第一稿出来了，花了很多的精力，但只要后来有更好的想法和创新的东西，他不管前面投入多少精力，都会“推倒重来”。他在教材编写时很有自己的想法，但他能虚心听取别人的意见。

访谈手记

单个的粒子能量再高，影响终究有限。但如果把这些高能粒子聚集起来，它们之间的相互碰撞就能爆发出惊人的能量。这一道理不仅适用于研制核弹，对于优秀的人来说，同样可行。当优秀的研究者们为了共同的理想聚在一起，一句话、一个想法，就会有“一石激起千层浪”的效果，这样的一种相互启发和学习，会激发出无穷的创造力。邱向理正是在这个团体里面，不知不觉地成长，成熟。

第三章
重 在 坚 持

巾帼英雄
——邱向理（左一）与当年桐乡一中高考中榜的其余女生合影

◎“那个时候我真的是动心了”

访谈手记

虽然有了理想，虽然有了机遇，但是，在真实的人生之中，在复杂的现实面前，种种的犹豫、动摇、困惑、误解、责难还是会自己找上门来。不管你愿意不愿意，总是会和这些不速之客不期而遇，人生往往因此才显得多姿多彩。这个时候，仅仅“有心”显然是不够的，更重要的，是坚持。

【邱】我从湖州师专毕业没有几年的时间，同班的同学一个个都陆续从教师职业转出来了。20 世纪 80 年代的时候嘛，很多人不太愿意当教师。在我们县，与我同届毕业的同学很多，大多是转到县机关去了，后来他们也发展得不错，什么县长啦、县委书记啦、局长啦，在我们的同班同学里面，就我一个还留在教师岗位。那个时候他们就说，哎呀你怎么不转出去？像你这样，如果要出去的话，发展前途肯定很好。

【访】20 世纪八九十年代，教师地位确实不高，您那时动心了吗？

【邱】当时被他们那么多人一说，又想想自己的状况，那个时候我真的是动心啦。好吧，那就联系联系转行吧。那时同学们在机关也都混得不错，他们也很支持我的想法，他们还真的去帮我联系了。当时，各机关也常到教师队伍调人。我记得我有几个同学都帮我设想好了，叫我到哪一个局里面去，当一个什么什么，然后过几年后一定怎样怎样。

【访】后来去了吗？

【邱】没有啊，一直都在学校的，中学啊，教师进修学校啊，一直到现在的杭师大附小，没离开过校园。

【访】那次为什么没去成呢？不是都联系了吗？

【邱】一个原因呢，就是刚才说的，我刚好被派去培训，又刚好听了张天孝老师的讲座。除了被他的研究精神所感动，还被他的教材所吸引。几次与张天孝老师接触下来，觉得小学数学教学中有很多东西可以研究，好像教学研究对我有更大的吸引力。

另外，我对教师职业并不厌倦，又加上“小学数学教材教法”课对我来说很有挑战性，我很想尝试这份工作。

还有一个重要的原因，爸爸不支持我转行，他始终希望我能成为一名好教师。

【访】现在想想后悔吗?

【邱】没什么后悔的。我就是喜欢数学，喜欢数学教育，总觉得骨子里有一种对教育的感情。你说是依恋也好，喜欢也好，反正我就是愿意琢磨这一块的内容。当一个好教师是我的追求，当校长是我遇上的，我毫无准备，在当校长前没学过管理，你看，我专科学的是数学，然后去读数学本科，去浙大进修数学系数学教育的研究生，当时因为英语不好，拿不到学位，但是把数学的课程全部学完了。我明明知道学数学是个苦差事，但我还是要学，我就是觉得我还不够，我还要学。只要是和教材教法有关的，我都愿意去弄。说不清的啦，反正就是喜欢。

访谈手记

因为喜欢，是当前一句非常流行的话，甚至泛滥到招人厌烦的地步，让人觉得大而无当。但是，访谈过程中邱老师的这句“因为喜欢”，确确实实让我们的心里感到了一丝震撼。一个柔柔弱弱的江南女子，从选择“枯燥”的数学教育开始，从选择“无趣”的教学研究开始，便注定要走出一条与众不同的道路。无论何时，坚持自己选择的道路，总能走出一片天地，而当一路有了“喜欢”相伴，这片天地必定精彩。

◎“那个校长不信任我啊”

访谈手记

坚守住教师岗位的邱向理，开始全身心地投入到《现代小学数学》的教材实验当中。然而，在20世纪90年代初，一个普通城镇的小学校园里，所谓开展教学实验的想法似乎显得有点离谱，邱向理最初所遭遇的误解和冷漠，是如今身处新世纪改革大潮中的人们完全无法想象的。在那个时候，“光杆司令”邱向理，靠的正是一以贯之的坚持。而最后的累累硕果，分明告诉人们：当初的坚持是值得的。

【邱】刚开始实验的时候，我是自己去找的实验小学的校长，我跟他说：“你们是实验学校，我是教师进修学校的老师，我想把你们学校作为教材实验基地，也就是要一个实验班，我想来搞一搞教材实验。”当时那老校长朝我看了一会，说：“我们暂时不搞，以后再说吧”，我想进一步给他介绍《现代小学数学》教材及我的实验计划，但是他没有给我机会。他强调的是，实验学校的工作不能出一点问题，他们是县里最受关注的学校。是啊，实验嘛，有成功也有失败，长期以来全国是统一教材的，现在要改用另外的教材，这个实验你这么一个年轻的女教师做得了吗？我知道，那个校长不信任我啊。

【访】怎么感觉那个时候改革如同“洪水猛兽”呀？

【邱】说“洪水猛兽”有点夸张，但是大家确实不太愿意变化的。1991年的时候嘛，不像现在人们教育教学研究的意识那么强，再说，那个老校长第二年就要退休了，相对保守一点，也在情理之中。但是我不甘心哎，我当时下定决心要搞这个实验的。我爸爸很支持我的，他说你这个想法很好，可以再与领导沟通沟通，我相信会得到支持的。当时我们的教育局长，是刚从长兴中学提拔上来的，我在长兴中学时，我们是同一个数学组的，对，找他。我鼓起勇气，找到了教育局局长。

【访】找到局长总能解决了吧？

【邱】局长对教育教学改革实验很重视的，认真听取了我进行教材实验的详细方案，很赞成我的想法，马上就帮我联系长兴实验小学。但是他刚刚当局长，其实资格还没有那个实验学校的校长老，老校长同样也回绝他了，说看我这个黄毛丫头的样子不放心。还是同样的理由：“我们是实验学校，万一有个闪失，这个摊子怎么去收拾？”

当然，局长跟我说的时候，是很婉转的。说他们现在呢，可能条件还不成熟吧，暂时还不搞，下次有机会再给我联系。

【访】接连受挫，心里一定很委屈吧？

【邱】哎哟，当时我确实很委屈啊，但是这件事情，我想定了，我一定要做。所以我就跟那个教育局长说，如果实验学校不让搞，周边的普通一点的学校，是不是可以试一试。当时啊，就是一心要把这个实验开展起来，至于是不是重点学校啊，甚至是农村里的学校，都无所谓啦。局长说那倒也对，马上就去给我联系，最后就联系到刚才说的那个“雉城镇二小”。

访谈手记

一个人总会遇到这样那样的不顺，生命中总会有漫长的冬天，就像南极冬天的极夜。在这样的时候，我们得耐心地坚持，相信上苍有一种巨大的调节能力，甚至对创伤也有一种巨大的修复能力。“不会总这样的，不会总这样的。”就让我们在喃喃自语中坚持下去，等待着晨光微露和春光乍现。这是我们的信心，也是我们的努力，我们要永不放弃希望，希望可能就真的来临——比我们的预期还要早地来临。

【访】机会真是来之不易啊。

【邱】所以啊，自己也格外珍惜。多少次啊，多少苦啊，都坚持下来了。有一次，我一个人赶到天津去参加一个培训，中途还要转车。培训回来，要在南京转车到长兴。到南京是晚上一点多钟，火车站要到第二天早上才开始卖票，而我没有票就不能进候车大厅休息，那只能在外面。晚上黑黑的，有一个骑着自行车的男的，总是跟在我后面，不停地问，你要不要住宿，你要不要住宿，我说不要，他还是跟着我，我避开他，一会儿他又在我面前了，我走哪，他跟到哪，一定要我跟他去。那个时候我才20多岁啊，真的是吓得发抖，心里就不住地想，我到底在干什么呢？我为什么要到天津去？为什么要这么折腾啊？自己究竟在干吗呀？

【访】好惊险，后来怎么样呢？

【邱】我一看这样子来回转圈不行啊，我就跑去跟候车厅的人说，后面的人已经跟着我好几圈了，我很害怕，麻烦你能不能让我先进去。还好，那个管理人员还比较通融，最后我就一个人在候车大厅里面呆了一夜。好多次呀，都是这样一个人出差，六年啊，我就是这样风尘仆仆的，凡是跟实验有关的事情，不管多困难的事情，我都乐意去做。

其实，在整个过程中，我自己也是非常受益的。开始的时候，我连实验报告都不知道怎么写。我们读大专的时候主要学数学，没有开设教育科学研究方法这种课的。在搞实验的过程中，我读了很多教育理论的书，经历了教学实验的全部过程，还锻炼了自己的组织协调能力。在我的一生当中，这六年的积累是非常多的，无论是实践经验、研究经验，还是组织教学研究的经验，应该说这些方面的能力有了一个质的飞跃。

【访】大概就是这个实验让许多人知道您了吧？

【邱】可以这么说。等到整个实验搞下来，我对小学数学的教材教法这一块，能说出自己的一些东西了。这个时候不管是开课还是讲座，都已经开始逐渐有那么一点吸引力了。当时，长兴县的一些学校来请我去指导他们的科研，做一些数学专题讲座。湖州师范学校请我去上课，有一段时间我每个星期有一个半天要到湖州师范学校给学生讲课。

再后来到了杭州，特别是新课程改革开始，我走的地方也比较多了。北京啊，上海啊，深圳啊，厦门啊，澳门啊，很多大型的活动，邀请我去讲座或上公开课。澳门青年局也跟我们签了合同，请我们给当地的数学教师培训。

访谈手记

或许这是一个规律，人总是在遇到挫折、遇到压力时，某种内在的却更本质的气质，会突然间激发出来，从而出人意料地构成另一番人生风景，使得人们不得不用一种与过去不同的目光来打量他，来审视他。如果沿用固定的色彩，无论如何也是不可能描绘出完整的他，真实的他。因此，当最初搞实验的压力降临到邱向理身上之后，当苦闷、困惑、委屈的情绪占据她的内心的时候，她早年业已形成的气质，仿佛奔涌而至的激流，将她冲到一个新的境地。与过去那个教音乐、当大队辅导员的孩子王，那个虎头虎脑闯进校长室要搞实验的小丫头相比，此时的邱向理显然已经有了很大的不同，但对于她，确是一个顺理成章的必然。

◎“你不要弄出高血压哦”

访谈手记

健康的教师形象固然是我们所提倡的，但是，当在特定情境中由于种种因素而导致的重压来临之际，还是应该要有一点拼搏精神和奉献品质的，所谓“士不可以不宏毅，任重而道远”。邱老师并不是不爱惜自己的身体，她知道作为一位母亲，一个妻子的责任。但与此同时，对于自己情有独钟的小学数学教材教法的研究，她的心里同样很清楚，“革命尚未成功，同志仍需努力”。

【邱】搞研究啊，真的很辛苦。《现代小学数学》教材每个单元后面有一个智力游戏，跟教材配套的呢，就要有一本《思维训练》，《思维训练》的编写，要求很高。因为要体现新的教学理念，又要和孩子们生活中熟悉的事情联系起来，而且又要真的能开发孩子的思维。组织内容比较困难，找资料也非常难，国外的参考资料也很少。那段时间，没有星期天，也没有寒暑假，一天到晚啊，总是在琢磨、想问题、找资料、写东西。也许是自己对自己要求高吧，总想创造出一些新的东西出来，这样就更难了。花点时间还不算什么，痛苦的是有的时候几天都思考不出东西来。出版时间是规定的，因此我们得赶时间。

【访】当时那样的一种情况下，您一定是全力以赴，全部时间都去写这个教材了吧？

【邱】想是想，可是呢，客观情况又不允许啊。我当时已经是上城区教研室副主任，还带着一个年级的数学教研工作，还承担着小学数学教师的培训工作。白天没时间，晚上写。我记得当时等到资料找得差不多，思路也有了，已经临近交稿日期了，所以我就晚上加班，一连 6 天，吃了晚饭就开始写，一直到夜里 1 点以后才睡觉。这样干了 6 天，最后一天把稿子赶出来了。哎呀，那个时候，你不知道我有多高兴啊，把稿子放下就睡了。第二天早上，爬起来就去上班，整个人啊，都是非常兴奋的，要拿着稿子送给张老师。但是吧，那天我就感觉不对，骑着自行车，感觉是飘的。我想，是不是车坏了呀？下来看一看，没问题呀。再骑上去，整个车都在飘，人特别轻。现在想想都后怕，我不记得当时是怎么骑到学校的，一路上骑了20多分钟呢。到了学校我把材料交到张老师那里，然后就去办公，但是一整天人总是晕乎乎的，脑子里面是空的。我想奇怪了，晚上加班对我来说是常事，这次怎么会是这样呢？回到家里我跟老公说，他说，快休息吧，你太累了，你不要弄出高血压哦？老公是医生，他立刻拿出血压机给我量血压，果真血压高了，收缩压140多，舒张压105。不到40岁的年龄，这个数据已经算严重了。老公埋怨我，叫你不要连续熬夜你不听！你看，你看，非把病弄出来不可。他之前就是不让我熬夜的，我就说不行啊这个东西要赶出来的，经常是他睡了我还在写。他也没办法呀，每天给我准备滋补品。我写稿到深夜，他就当成任务一样的，弄好给我吃。我也知道，他是心疼啊。

【访】现在应该调养得不错了吧？

【邱】当时发现了就开始调养，但是，在紧张的工作状态下，高血压是很难调养好的。但是，老公对我的身体十分关心，现在想想嫁个医生真幸福，哈哈……

访谈手记

苏霍姆林斯基在《给教师的建议》一书中，说到一位把自己的全部心血都倾注给学生的优秀教师，有人在听了他的课之后问道："您的每一句话都具有极大的感染力，我想请教您：您花了多少时间来备这节课？"这位教师回答说："对这节课，我准备了一辈子。而且，总的来说，对每一节课，我都是用终生的时间来备课的。"① 对于邱向理来说，她花在小学数学上的这份心思，她对于教学研究的这种痴迷，已经到了"自讨苦吃，其乐无穷"的境地了。邱老师勤奋，快乐，懂得享受工作的乐趣。所以，其实在邱老师的感觉中，一天的时间，一年的劳碌，仿佛很快就过去了，留下回味的，只有无尽的喜悦。

---

① 苏霍姆林斯基．给教师的建议［M］．修订版．全一册．杜殿坤，编译．北京：教育科学出版社，2005：7．

第四章
关 注 细 节

“多彩”课堂

——邱向理抓拍到的学生听课的情形

◎“这样的孩子以后很可能就变成所谓的‘差生’了”

访谈手记

邱老师的研究路子有一个特点：大处着眼，小处着手。因此，课堂成为邱老师教学和教育研究的主要阵地。经常性的听课和评课自然也就成为邱老师工作的重要内容，同时也是她从事教材教法研究的坚实基础和不竭源泉。在这里，每一个细小的环节，都逃不过她那双敏锐的眼睛。正如苏霍姆林斯基所说：“听课和分析课，不只是为了教给教师一丝东西，给他们提些建议。学校这个教育实验室，是全体教师的创造性的结合体，是每天不断的智力交往，是精神财富的相互交流。”①

【邱】 我非常喜欢去听课的，经常会拍好多照片。你看下面照片中这个小男孩，多么可爱啊！但是他整个一堂课，就是拿着这个小镜子在照，基本上没停，就是在玩这个小镜子。

① 苏霍姆林斯基．给教师的建议［M］．修订版．全一册．杜殿坤，编译．北京：教育科学出版社，2005：428.

玩镜子的小男孩

【访】老师没有及时制止吗？

【邱】坐在讲台边的学生最容易被上课的教师忽视了。这个小孩就坐在靠讲台的左侧，讲台又稍稍高出学生的桌子，那个老师呢，一直也没有发现，只是顾着自己讲课。课后我就找这个小男孩聊天，你跟小孩子谈话啊，不能一下子切入正题的，一下子切入正题他会不理你的。所以我就说："哎呀你这个镜子挺好玩的，我也想玩一玩。"那么，我就把他的镜子拿来玩，玩了一会，我就问他：

"你这个镜子哪里来的？"

他就说："这个镜子啊，是我姐姐的，我告诉你哦，你不要跟别人讲啊，这个小镜子是我偷来的。"

"你怎么偷来的呀？"我问。

他说："我姐姐放枕头下面的，我昨天晚上偷出来的，只能今天玩一天，晚上就要放回去，不然我姐姐发现了要骂我的。"

【访】很可爱的一个孩子啊，肯定是觉得不抓紧玩就没机会了。

【邱】是啊，这个小孩子多么天真可爱啊，与孩子聊了几句，觉得他人很灵活。但是，这样的孩子，上课往往不能认真听讲，很容易精力不集中。如果上课的时候一直不听讲，并且如果老师也一直没有关注他，那么久而久之，就可能跟不上班级的学习进度了，那么慢慢地呢，这样的孩子以后很可能就变成所谓的"差生"了。

【访】嗯，您真的非常细心，很多所谓的"差生"，刚开始的时候可能都是因为一些很小的原因，或者在一些很小的地方跟不上，然后差距就越来越大了。

【邱】对，等到他差得太多，他自己也没有学习兴趣了，也没有信心了。所以听课回来的一路上我都在想，我们的教师培训能否有一个"如何培养孩子上课认真倾听习惯"的专题呢，但是呢，我也知道对于新教师来说，你让他去关注课堂上的每一个孩子是非常困难的。

访谈手记

在这一点上，邱老师抓问题的确抓得非常准。对于新教师来说，关注学生要比"教书"本身难得多，也重要得多。就像苏霍姆林斯基曾经举的那个例子："教师在讲三角函数的时候，他的思路主要不是放在函数上，而是放在学生身上：他在观察每一个学生怎样工作，某些学生在感知、思维、识记方面遇到哪些障碍。他不仅在教书，而且在教书过程中给学生以智力上的训练。"①

【邱】其实关于这个问题啊，我自己就特别有体会的。还是在湖州师专读

① 苏霍姆林斯基. 给教师的建议（修订版）（全一册）[M]. 北京：教育科学出版社，2005：8.

书的时候，不是都要去学校实习嘛，我第一次去初中上课，讲的是“因式分解”。第一次上课哎，多么紧张啊。不要说备课备了多少遍，我连课上要说的每一句话都写下来的，清清楚楚地，这里怎么板书，这里说什么。然后我还不放心，就和当时我们一起的一个同学说好，你在教室后面帮我听着，如果我说错了，或者忘记什么了，你就摸鼻子。倪敏华是我同桌啊，我们非常要好的。这样约定好暗号，我就去上课。当时是大冬天，我那个紧张啊，里面的毛衣都湿掉的。就知道使劲讲、使劲讲，别的什么都顾不上。中间呢，有一个环节是要叫学生上来做题的，学生做完以后，我就带着全班批改。那时候啊，我也不知道怎么的，明明有一个学生做错了，我一点都没看出来，一个勾、一个勾全都打过去，然后就继续往下讲了。我的同学就在后面摸鼻子，摸来摸去，看我也没反应。我后来回想她当时肯定心里急死了，心想这个邱向理怎么回事啊？但我当时哪看得见啊？虽然大家觉得我是在看着课堂上的学生，但其实我眼睛里是没人的，因为这时我的思想全部集中在我的讲课上了，更不敢看听课的人了。

后来呢，学生开始议论了，而且声音越来越大，我才有点发觉，哎，怎么回事？我那个时候才想起来，看一眼坐在后面的我的同学，她那个时候着急得已经快站起来，不停地跟我招手，错啦错啦。

【访】哈哈，原来您第一次上课也会紧张得不行啊。

【邱】很紧张的，不过后面听课的同学都说没看出来，只有我自己知道，衣服全湿掉的。新老师上课这个问题非常明显。他们往往一心想着我这个课能不能上下来，我设计的环节能不能顺利实施，对学生的反应很不敏感。后来我当了教研员经常要听新教师的课，也发现，年轻教师的课堂组织、课堂纪律方面的问题很大，特别是类似刚才那个小男孩的例子，是非常多的。新教师往往会目中无人。我在给新教师培训的时候，经常给他们讲这些例子。

【访】我看您写过一篇文章“为什么这位男孩不愿意合作学习呢?”，里面好像也提到了这类例子，蛮有趣的，给我们讲讲当时的情形吧。

【邱】当时我是去一个实验小学调研，听的是一年级的一堂课，讲的是“人民币的认识”。有一个环节，教师让学生组成四人小组合作学习。我发现，坐在最后一组的有一个男孩子撅着嘴，满脸不高兴的样子，一手撑着头，一个人坐在座位上。不愿意跟他同组的那三位同学一起活动。当时跟我一起听课的班主任也注意到了这位学生，那么他就走过去，劝他参加小组活动。但是这个孩子呢，没有理睬班主任，只是用眼睛斜斜地看了一下他的三位同伴，然后就自己摆弄手中的铅笔。等到同桌同学在汇报小组活动情况的时候呢，他突然抢走同桌同学的学具，就是一个硬币盒啦，动作非常快，然后拿着使劲摇晃，弄出很大的声音。

在整个的一节课里，可以说这个男孩始终没有参与学习活动，而上课的教师呢，也并没有看到他的表现。那么课后我先和这个任课老师聊了一下，感觉老师对这个孩子的印象并不好，说他“上课也不好好听，作业也不好好做。”但是呢，后来我又跟这个小男孩聊了一会儿，觉得他反应还比较灵活，与人交往的时候呢，也没有拘束感。而且我看得出来，他对我也有一种信任感，所以我就把课堂实录中的一个片段放给他看，就是他不参加小组讨论的那一段。他当时非常高兴的，拍起手说：“噢，看录像片啦！”特别是当画面上出现他自己的时候，他绝对是十分兴奋的。

小组合作学习

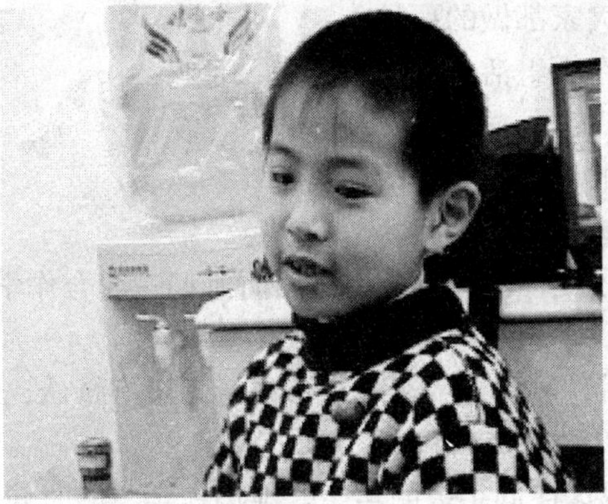

不愿意参加小组合作学习的男孩

【访】您还记得当时谈话的内容吗？

【邱】记得的，我后来还专门写在文章里呢。

男孩：这是我，这是汪小英，这是陈昕昕，这是叶伟伟……她们不欢迎我，我就不参加！

我：你为什么不参加小组讨论呢？能告诉我吗？

男孩：汪小英、陈昕昕不欢迎我参加。

我：汪小英就是你们小组的组长吗？

男孩：是的，她还是我们班的班长。

我：她们为什么不欢迎你呢？

男孩：她们老跟我作对，我也跟她们作对。下课时我把她们推到男厕所去了。她们也把我推到女厕所去了。

我：上课时她们还在与你作对吗？

男孩：没有。

我：那你为什么不参加小组学习呢？

男孩：反正她们不欢迎我的。我就不参加。

我：你用不参加小组讨论与她们作对？

男孩：是的。

我：你喜欢课堂上有小组合作学习吗？

男孩：喜欢的。

我：你喜欢怎样的小组学习活动呢？

男孩：我喜欢大家都做的那种。

我：你不喜欢在小组活动时没事情做，是吗？

男孩：是的。

我：你想与你的好朋友一起活动吗？

男孩：想。我想跟陈旺一起。

我：如果下次还让你与汪小英、陈昕昕她们一起合作学习，你参加吗？

男孩两眼盯着我，想了想，低声说："参加。"

【访】真没想到，同学日常交往中的事情，还有情绪，居然会对一个孩子的课堂学习产生这么大的影响！

【邱】你看，像这样低年级的学生，他们在学习的时候，除了有自己的知识基础和生活经验之外，他们经常会把生活中的情绪带进课堂里来，这种情绪往往会对学习带来很大的影响。我又想到了那位新教师，他真正意识到课前还有课中的组织教育的重要性与必要性了吗？如果是一位有经验的教师来上课，这位男孩的课堂学习情况又会是怎样的呢？这位小男孩能以放弃自己的学习为代价，与同学"作对"，他什么时候才能懂得：这样的代价实在太大？更进一步地，这位教师的班里会不会有更多的可爱的孩子因为不良学习行为长期得不到纠正而成为"差生"呢？哎哟，当时好多问题啊，在脑子里打转，回来我就写了这篇文章。

访谈手记

的确，正如邱老师在文章里说到的，一位新教师上课时不能顾及到班上每一位学生的表现，这可能是一件无法避免的事，但是等这位新教师成长为一位有经验的教师时，这位小男孩将会发展成怎样一种状态？一位教师的成长究竟需要多少这样的男孩付出代价呢？新教师上课时往往"眼中无学生"，不是他拒绝学生在眼中出现，而是无法让学生出现，因为他读不懂学生的目光，学生的心思。

【邱】再比如，你看下面的照片，这是老师在提问，除了被问到的小孩子，其他的小孩子都不怎么听的。这种情形我们在课堂上经常能看到，那么在培训的时候呢，我也经常会给教师讲，如何在和一个孩子对话的同时，照顾到全班同学，让他们都能注意听。因为课堂上往往会这样，老师组织不好，不能让学生全部都认真听讲，认真倾听别人的发言。一般的孩子呀，如果没有养成习惯，往往就是这样，他自己要求发言的时候很积极的，举手抢着发言，最好每次都叫他。但是一旦他自己不发言了，是别人在发言，他感觉就跟他自己无关了，那么他就不听了，做小动作的做小动作，“开小差”的“开小差”，就不会倾听，这是一个很不好的习惯。我听课听得多了，就觉得，这个问题是值得研究的，我们高谈提高课堂教学效率，大谈向 40 分钟要质量，怎么向 40 分钟要质量呢？我们就应该从关注细节做起，我总觉得，教师的成长就应该从反思“细节”开始。

孩子的听课习惯

【访】对，这个问题确实经常在课堂上发生，虽然很小，但其实蛮重要的，邱老师您是怎么指导教师解决这个问题的呢？

【邱】如何培养低年级段学生认真听课的习惯呢？不同的教师有不同的做法，但是我觉得了解学生是十分重要的。我常想与儿童换位思考，如果我是 8 岁，我会怎么做，但是很难。那我们可以仔细观察学生，发现他们的特点。根据他们的特点设计我们的教学环节，设计我们的课堂语言，设计我们的评价方式。比如，一个孩子在发言，要求全班学生都能认真听的话，我们应该在这个孩子要发言前就提示大家，而不是等到大家不听了再让发言的孩子停下来整顿纪律。我们要让孩子带着任务倾听别人的发言，随时做好自己接着发言或评价他人的发言的准备。

【访】听您这么一讲，看来课堂组织大有学问啊！

【邱】课堂组织能力的培养很重要啊，光是教案设计得好，有的时候可能无法实施。特别是新教师，你的教案可以设计得很好，如果自己设计不好，还可以去请教别人，大家可以一起来帮你讨论、修改，但是这也仅仅是停留在方案上。你真正去实施的时候，还是需要自己对课堂的把握，这个东西是别人帮不了的。

访谈手记

正如邱老师在反思里面写到的："要是有像中医里面的'汤头歌诀'那样的'教学调控歌诀'就好了。我们让新教师在上师范时就背熟了，一进课堂就能根据实际情况对'教学调控歌诀'做'加减'，开出有效的'调控处方'。"对于年轻教师来说，这样的一种课堂教学组织教育技巧的训练非常重要。也正是因为重要，邱老师才会孜孜以求地探索，不厌其烦地指导。而她的这些努力，她的这些切实可行的建议，在新教师看来，一定非常受用，其地位也应该不亚于"汤头歌诀"了吧。

◎"乱哄哄地搞一气，学生学不到什么东西的"

访谈手记

对于课堂，对于教学，邱老师似乎有着天生的直觉，即使是对大家早已习以为常的惯用手法，或是一时间大行其道的流行做法，她都能以一种特有的冷静，从学生的角度，从理性的角度去思考和审视，进而发现其中存在的问题。邱老师有时很"时尚"，很"前沿"，那是因为这些"前沿"是经过深入思考的。邱老师有的时候又有点"不合潮流"，有点"保守"，这同样是因为慎重而负责的思考。

【访】您当了教研员以后，自己去上课的机会似乎不多了呀。

【邱】我到后来主要是听课，因为我是区里的教研员啊，所以经常去听课啊，有时我也上公开课。因为我是先给中师生上小学数学教材教法课，再给小学生上小学数学课，是真正的先理论后实践啊。我上课确实不多，但作为一个教研员我开课算不少了，我上小学数学课实质是在进行一个问题的研究。每次都会带着一个教学中的问题，选择一个教学研究的主题，然后磨出一节课来。

【访】 给我们举个这样的例子吧。

【邱】 比如我上过一节公开课是六年级的“立方体展开图”，主要的目的就是体现合作学习。因为我去听课的时候发现很多老师组织学生合作学习做不好，看上去理念很新，学生进行合作学习了，课堂上很热闹，但其实就是几个学生围在一起，乱哄哄地搞一气。学生学不到什么东西的，教学效率非常低，效果不好。那么我就决心要上出一节课来，在这节课里面，我要体现我对小学数学课中组织学生合作学习的思考。

【访】 合作学习确实是现在比较“火”的一个话题，邱老师给我们具体讲讲您是怎么设计这堂课的吧。

【邱】 在这节课里面，我主要是让学生经历合作学习的过程，让他们领会合作学习的必要性，学习合作学习的方法。

第一，要让学生体会到合作学习的必要性。合作学习不是教师规定的，现在你必须要与同学合作啦。你想，我们平时只有在自己一个人做不了这件事或来不及做这件事的时候，才需别人帮忙或需与别人合作完成的。课堂上要创设一个情境，让学生觉得今天研究的问题靠我单枪匹马是不行了，这时候学生就希望几个同学合作学习。因此，我首先让学生看图提出问题，你能提出什么样的数学问题，这个对孩子来说非常有益，提问题比解决问题更难啊。那么，提出问题以后，我们怎么去解决呢，第二步就是说把这个责任推给他们，让他们自己去解决这些问题。那么要解决这些问题，你希望独立解决呢，还是小组合作解决呢，上课时，确实有个别能力强的学生想一个人研究解决，好啊，那就让他一个人解决吧，干吗一定要规定大家一定要四人一组合作呢？但这个问题大部分学生是需要合作解决的。

第二，要让学生知道合作是需要方法的。要计划安排好合作事项的。而不是合作啦，四人围在一起，唧唧喳喳地毫无秩序，整个课堂十分热闹的样子。我们需要安静地思考，轻声地讨论，想好了我们怎么分工，怎么操作，再开始做。合作就需要集中每个人的智慧，能将事做得更好更快吗！往往学生没有先思考再操作的习惯。还有在研究一个问题时，可能需要研究工具，我不是把工具发给学生，而是将可能需要的工具放在讲台上，让各小组想好了怎么做后再来领取工具，也可以不使用工具啊。因为，合作的方法不一样，需要的学具也会不一样的，不是老师给你什么你一定要用什么的。

第三，研究结果汇报应以合作组为单位。等合作学习产生一个结果以后，需要交流。那么到了这个时候，很多教师往往就会指定组里一个人来说，或者干脆不以组为单位了，合作完就分散成个人发表意见了。我说这样不行。既然是小组合作，小组的成果就要以小组的形式来进行，你得在小组里商量好怎么汇报，再派代表汇报或集体汇报。这样汇报的过程又是一次小组合作的过程啊。我这节课里，四人合作后，有的是两个人汇报，有的是整个小组都上讲台，比如他们一个放图片，一个说，一个补充演示，合作地来交流。

第四，要让学生对研究过程进行反思。在课堂上合作学习是有时间限制的，一定会有些组完不成任务，或对任务完成得不满意。为什么别的组做得好，你们组做不好呢，就要让学生说原因，那他们就会反思自己的合作过程，以便下次合作得更好。在这节课里，就有一组学生经过反思检查到因为前面分工时四个人不能统一意见因此拖了很长时间，导致后面完不成任务。是啊，合作是需要有协调能力的，尤其是组长。有一组是因为选择的方法不对，导致失败，是啊，做好一件事方法很重要啊。

【访】之前也看过您这节课的课堂实录，一开头就很新颖，我觉得您特别注意让学生提出数学问题，而不是像当前很多课堂上流行的那样，从生活问题入手，您能讲一讲当初设计的时候的想法吗？

【邱】的确，目前我们的课堂教学非常重视“生活情境”的创设，这样做是对的。我们应该要让学生感受到，数学问题实实在在地存在于现实生活中，这是新教学理念在课堂教学中的具体体现。但是，对于数学的学习，只停留在能将生活问题转化成数学问题还远远不够的，还要培养学生通过对比较抽象的数学材料观察、分析，进一步提出数学问题的能力。只有在教学中既重视生活问题转化为数学问题，又重视对数学材料的观察、分析、抽象、概括，进一步提出数学问题、解决数学问题，才能真正提高学生“数学化”的能力。

比如在“立方体表面展开图”这节课里面，我创设了一个非常简单的学习情境：出示了由六个小正方形拼成的图形，让学生想象、提问。结果学生提出了一连串的相关的数学问题，六年级学生提出数学问题的潜力是很大的。

问题就在于我们怎样开发这种潜力，或者说，我们创设怎样的情境，才能有利于学生提出多个相关的数学问题。这是培养学生提出数学问题能力时值得研究的问题，也是培养学生自主、合作、探究学习能力时值得研究的问题。

【访】那么，当学生提出了那么多的问题之后，您怎么引导他们去选择关键的问题呢，或者说是怎样引导他们选择您课堂计划要研究的问题呢？

【邱】就像你所说的，学生由两个图形可以想到很多问题，有的呢，是学生能用已学过的知识或方法解决的，也有的，是学生目前还不能回答与解决的问题。面对这么一大堆的问题，我们先解决什么问题呢？选择关键问题先解决，这也是一种解决问题的策略啊。当学生提出许多问题后，我的做法是进一步引导学生找出问题之间的联系，发现其中的关键问题，然后建议，今天这节课就来研究这一个问题。

【访】您觉得这样做的好处在哪里呢？

【邱】对于这样一种设计，我觉得有两点比较好。第一，是让学生感到今天要研究的问题是我们自己提出的，要承担起完成研究任务的责任。第二呢，可以让学生体会到当我们面对许多问题时，需要对这些问题进行分析，发现问题间的联系，然后找出关键问题，先研究。其实，我们在实际生活中还有其他的情况，比如有时不能直接解决关键的问题，可能得先解决类似的问题，然后用类比的方法来解决关键的问题，等等。既然如此，我们在培养学生自主探究能力的时候，显然应该包含选择研究的问题的能力。

当然，教师的这样一种引导，必须围绕着整节课的教学目标来进行，比如在上课开始的时候，我让学生看图展开想象，这时候的教学完全是开放的，任学生怎样想象。但是当有学生想到“立方体展开图”的时候，我就要立刻抓住机会，主动向学生提出问题，这样子呢，一下就打开了学生提问题的思路。

【访】对，我注意到，当有学生提出“立方体展开图”的时候，您的教学就开始慢慢收敛了。

【邱】我就是要让学生围绕“立方体及展开图”这方面提出问题。在之前的课里面，我也尝试过，比如让学生看图提问时，不加以任何引导，那么学生会提出各种问题，比如：

“这两个图形怎样移动小方块后就变成一样了？”

“这些方块的颜色有几种不同的变化？”

“第一幅图怎样移动小方块就是正方体的展开图了？”

……

这样一种教学设计，学生提的问题同样也很多，但不集中，不容易提出本节课要研究的问题：立方体展开图的特征是什么？也不利于在诸多问题中找联系。毕竟，如果我们的教学目标仅仅是让学生能提出问题，那么，在学生提问前教师就无需先提出问题以作引导。但问题不是这样啊，我们教师的引导应该是以学生的思考、体验为基础的，同时也应该是围绕教学目标进行的。

【访】说得真好！这节课确实体现了您的很多思考，应该是您比较得意的一堂课吧。

【邱】这堂课我确实花了很多的工夫去研究。整个一堂课的四个环节，都是仅仅围绕合作学习展开的。比如第一个环节是让学生思考与交流准备怎样研究，需要什么研究工具。然后是分组研究和交流研究结果，最后还要反思研究过程。其实学生分组研究的时间只有 4 分钟，最后，我也没有要求学生完整地叙述什么是立方体展开图的“特征”，只要他们能观察图形，通过对图形分类，解释分类的标准，就可以了。而这个标准呢，学生说的其实并不严格，但我想，学生能互相理解同伴的交流，这就可以了。

那么，整节课的重点在哪里呢？你可以看到，我放了十几分钟的时间，用来引导学生思考自己的研究过程，还有他们研究方法的合理性，总结成功与失败的经验与教训。因为我想，自主探究学习的主要特征之一，就是学习者在探究过程中能对认知活动进行自我监控，并做出相应的调适。那么我这样设计的用意，也就在于培养学生针对自己学习过程进行观察、审视和评价的习惯与能力。同时呢，也可以通过对研究方法的总结、评价，帮助学生形成各种思考方式，掌握学习策略，进一步提高学生的思考问题的能力以及学习能力。也就是说，审视、评价自己所经历的探究过程，应该成为探究课的必不可少的教学环节。

访谈手记

《全日制义务教育课程标准》指出：“有效的数学学习活动不能单纯地依赖模仿与记忆，动手实践、自主探究与合作交流是学生学习数学的重要方式。”教师作为学习活动的组织者、引导者、合作者，要为学生创设有利于他们主动求知的学习环境，提供充分从事数学活动和交流的机会，帮助他们在自主探索过程中体验知识的形成过程，来真正理解和掌握数学知识和技能、数学思想与方法。邱老师的这节课，显然在这方面是一个典范。她为学生提供机会，让学生亲身经历知识的形成与获得过程，同时十分重视学生学习后的评价反思，使学生始终能主动探究，真切体验，收到了很好的教学效果。

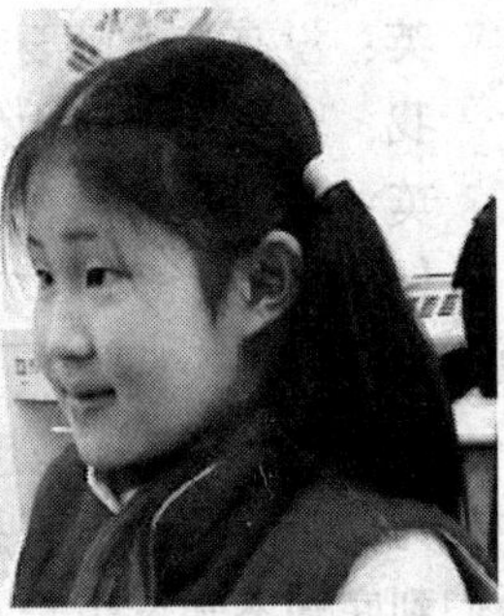
合作学习的组长

【邱】合作学习呢，确实是这两年比较火，但同时问题也比较多。我呢，往往就是从一些细节入手，比如刚才我讲的那个小男孩不合作学习的例子，我后来还专门问了那个组长，她叫汪小英。

我：数学课上，你们有学习小组，你们组有哪些同学？谁是组长？

英：我们组有王杰、陈昕昕、叶伟伟、我，我是组长。

我：组长与别的同学有什么不一样？

英：我可以叫他们做什么做什么，他们不可以的。嗯……他们做得不好，我可以管他们。我的地位比他们大（高）些。

我：今天数学课上，小组合作学习时，王杰参加了吗？

英：没有。

我：他为什么不参加呢？

英：我们三人位置占好了，他没有位置了。

我：你有没有给他安排位置呢？

英：没有。王老师（指班主任）叫过他，他不参加，我就没叫他。

我：小组合作学习，数学老师给了什么学习任务呀？

英：好像要我们把 1 元钱几角几角地分开，嗯，好像是让我们凑 1 元钱……我听不懂。

我：老师的要求你没有听懂，你怎么办？

英：没怎么办，大家开始做了。

我：你是组长，你是怎么做的？

英：我就和大家一起做了。

我：你们在做什么呢？

英：凑钱，凑 1 元钱。

我：大家一起凑的呢？还是自己管自己凑的？

英：我把钱分给大家，自己凑的。

我：她们做了吗？

英：（想了想）做了，嗯，好像是做了。

我：小组内有没有交流每个人凑钱的方法呢？

英：没有，老师要我们停下来了。

我：全班汇报时你发言了。你说的是大家一起想出来的方法吗？

英：不是的，是我自己想出来的。

【访】 哦，我明白了，您是想研究一下学生对合作学习过程中，合作小组组长的看法吧？

【邱】 对，我就是想了解一下，组长的角色究竟是什么？在孩子的心目中，为什么组长的角色是“管人”的呢？再比如，每一个学生都想当组长吗？他们到底知不知道组长在合作学习中是干什么的。所以呢，我就去问与汪小英同组的其他两位同学，叫做叶伟伟和陈昕昕的。

合作学习的组员

我：上数学课时，我看到你们小组合作学习了，你们愿意小组合作学习吗？

两人齐声说：愿意的。

我：你们组的组长是谁呀？

两人齐声说：是汪小英。

我：她组长当得好不好？

两人齐声说：好。

我：好在哪里呢？

伟：她能听我们的意见，我们说怎么怎么做，她就同意了。

我：你们想当组长吗？

伟：我不想。

昕：我想。

我：叶伟伟你为什么不想当组长呢？

伟：组长要做很多事情，烦死了。

我：组长要做哪些事呢？

伟：要管别人，谁不好了就要去管谁，我不喜欢管别人。

我：陈昕昕你为什么想当？

昕：可以由我说，有权。嗯……我可以分东西（学具）。

我：以后组长轮流当好不好？

伟：我不要，我不要！（有些急）还是汪小英叫我们做什么就做什么好。

昕：我要。

我：你觉得会比汪小英当得好吗？

昕：（想了想）不知道。

我：很想试一试是吗？

昕：是的。

那么从这里面我就想，我们对课堂上的小组合作学习的研究已投入了那么多的时间和精力，你上网随便输入“合作学习”就会有上万条的相关信息。但是，教师怎样指导学生合作学习，才会使学生愿合作、会合作、合作有成果呢？这可是一个非常具体的事啊，不是老师说“四人合作学习”，学生就愿意合作学习的；不是老师说“四人合作学习”，学生就会合作学习了；也不是老师安排了组长，通过多次四人合在一起，就会自己悟出合作的方法的。每次小组活动时，组长与每位组员必须明确活动任务，清楚自己的职责，想好如何合作的方法。而“任务”“职责”“方法”又是随着学习内容、学习工具、小组成员的特点来决定的。这是需要教师精心准备与具体指导的，尤其是对低年级的学生。

【访】您从这么一个小小的细节里面，挖掘出这么多对教学有益的东西，真是像那篇报道说的，是个“有心人”啊。那么这些研究出来的内容，你主要通过什么方式在培训的时候让教师接受呢？

【邱】在给教师培训的时候，主要一个就是讲这些案例，还有就是我自己上课。刚才也给你说过，我经常会开一些研究课，把我的想法啊、理念啊，放在课里面。比如，我还上过的一节课是“升和毫升”，是利用孩子天生爱玩的这个特点，设计了三次让学生“玩水”的环节，帮助他们建立升和毫升的概念。那么第一次玩水呢，我是让他们用针筒量一毫升水放在水杯中，然后放到手上玩一玩，说一说有什么感觉。第二次玩水，我让他们用针筒量5毫升水，看一看，然后说一说有什么想法。到第三次玩水的时候呢，我让他们先估计一下，50毫升的水大概在水杯的什么位置，再倒入烧杯量一量，看谁最接近50毫升。这样一来，学生的兴趣都来了，在整个过程里，他们尽情地玩，玩得非常投入，并且也玩出了名堂。一节课下来，学生初步能感知1毫升、50毫升、500毫升、1升的实际容积的大小，还有1毫升与1升之间的进率关系，那些相关的计算啊、换算啊都穿插在操作之中，教学难点也就解决了。比如最后练习中2升20毫升等于多少毫升，大部分学生口答就答出来了，效果非常好。最后我同样重视让学生学会反思，比如在汇报活动结果的时候，有一小组同学自己就能够发现，说他们自己因为测量时发生了小错误，所以量得结果与估计的不一样。另外我还让学生之间开展相互的评价，比如“你觉得他们小组怎样？”“很好、还行”，然后让他们说明理由。最后我也要对学生有一个评价，比如刚才的那一组，我就表扬说：“他们小组已经知道自己错误的地方，这是很了不起的”，我想呢，这样不仅能培养他们良好的习惯，而且也可以促进他们的主动学习。

【访】乍一看您的课，说实话好像没看出特别大的名堂，因为感觉您的话也不多，都是学生在弄，这大概是您的教学风格吧？

【邱】对，我一般上课时自己尽量少说话，学生或教学需要我的时候，我出来引一下，不需要我的时候，学生自己学。所以一般课上，我话都很少，更多的是组织孩子们活动，表达自己的想法。比如在“升和毫升”那节课上，我就是让他们自己做，然后发言，说自己做的体会，然后我帮助点拨点拨，提炼提炼。进一步到第二层次，再来做，再来谈感受，再点拨，整个过程一直在做，很多都是学生的活动，我更注重学生在活动中学。这一点很多课都会体现，这是我的教学理念。

比如还是那节“立方体表面展开图”，我基本上也是没有什么话的，我主要是要让学生进行主动的交流。以前我们在课堂上常常见到的是师生之间的一问一答式的交流，这样的交流对学生来说还是被动的交流。那么，怎样才能引起学生主动地交流呢？我自己总结有六点。第一，学生对某一问题应有充分的思考时间；第二，学生有准备发言的时间，也就是梳理交流内容的时间；第三，要有一个宽松的交流环境；第四，要保证充足的交流时间；第五，教师只“抛球”不“接球”。第六，要及时鼓励学生主动“抛球”与“接球”。

【访】您说的“接球”“抛球”很有意思，可以给我们解释一下吗？

【邱】所谓教师只“抛球”不“接球”，就是说教师要引导学生主动地交流。我们发现，学生在课堂发言的时候，往往把目光投向教师，他们期望教师对自己的发言做出评价。我主张这个时候呢，教师要用期待的目光，暗示全体同学参与到这个评价里面，等学生自己真正没法解答或没法评价时，教师再加以引导。你从课堂实录中可以看到，有几个片段只有学生与学生的主动对话，没有或者很少有我的发言，学生的交流是那么的主动、自然。这也是学生自主、合作、探究学习的具体表现吧。当然，这并不排除教师作为学习共同体中的一员参与交流，关键在于，教师的交流应该是在学生交流的基础上，作为鼓励学生交流、引导学生抓住学习重点、突破学习难点，以及规范数学语言等等的参与式交流。

访谈手记

“话很少”并不意味着邱老师失去了对课堂的控制或是游离于课堂之外，事实上，她非常注意关键环节的引导和组织。邱向理在课堂上总是提出目标和创造各种条件让学生自己去闯，当学生走上错路时，她才会出来拉上一把。这有一点像大学里面的“席明纳”，导师虽然没有什么长篇大论，但是用偶尔插话的方法，引导学生的思路，示范性地呈现出一个人怎么去分析问题，怎么去发展自己的思想。我们都知道，成品固然可以欣赏，但却难于模仿。邱向理课堂教学的妙处，就在于让学生体验“思想成品”的每一个制作步骤，往往是精辟入理的几句话，便展示出整个的思维过程。因此，已经解决了的问题在邱老师的课上是没有地位的，学生始终在争论、思考和尝试解决新的问题，在这一过程中，邱老师潜移默化地将关键的思路、方法、观点，渗透到学生的思维当中。

“抛球”“接球”的比喻更是很好地表达了邱老师对于儿童学习的看法，人们都知道儿童是很有潜力的，但是，儿童的学习不是一个孤立的过程，需要与教师和同伴的互动。这种“接、抛”的师生互动可以非常好地促使学生继续“玩”下去或者开展新的获得。“接球”不仅说明了教师在活动中的地位，更形象地说明了教师和儿童之间的合作关系。为了维持交往的进行，教师可以回球，也可以在技巧上给予指导，可以在材料上有所调整，进行支持性的干预，以扩展学生“发球”的技巧和策略，提高注意力和努力程度，同时又确保学生充分体验学习的快乐。这一过程是师生共同学习、共同探索、共同研究的过程，这里既不是儿童中心，也不是教师中心，它起于学生，却是在教师设计的框架下，既强调学生的自主性、主动性，同时也强调教师的引导和帮助。应该说，这是一个师生并重的好方案。

【访】您是研究小学数学课堂教学的，你能不能告诉我们上好一节数学课的秘诀啊！

【邱】哪有秘诀啊，都是教师们知道的东西，只是有些人做好了，有些人没有做好，或没有下工夫去做的。上好一节课，只要：牢牢把握育人目标，细细分析课时目标，十分清晰环节目标，随时关注学生情况，帮助每位学生成功。我个人认为，做到了这些，这节课上出来不会不好了。数学课嘛，还有数学课的特点，小学数学内容很简单，但里面却蕴涵了一些深刻的数学思想。在数学课中，帮助学生感受与初步形成数学思想很重要。

访谈手记

说到这里，坐在一边的邱向理老师的徒弟——杭师附小的优秀数学教师、杭州市教坛新秀马建红深有体会地点了点头，并对邱老师的教学风格做了如下的概括。

【马建红】邱老师的课向来有比较深的研究与思考，一方面这与邱老师的数学功底有关系。我听过她的许多课，思考的角度会与众不同，很深刻。另一方面呢，就是她非常重视对理论的研究，我们去开课，有的时候是凭感觉，自己感觉这个课应该这样去上，学生可能这样去想。但邱老师开课，在课前会做很多事情。比如了解孩子们对所教内容现有的接受能力，他们现在处于一个什么水平的思维阶段，从数学思想方法来说，希望孩子要达到一个什么水平。同时还要掌握目前我国对这部分内容的教学设计研究如何了，已经有了哪些不同的设计方法了，用这样的教学方法的理论依据是什么？有了这样一个比较宏观的东西在支撑，设计出来的课就很有深度、很有新意。第三个呢，就是邱老师的课非常严谨，这可能跟邱老师这个人也有关系。邱老师这个人是比较严谨的，总体上说是比较追求完美的，所以她的课，在设计上面，是非常严谨的，哪怕是 PPT 的展现，或是一个很小的细节，比如字的颜色啊，大小啊，图片的排列啊，她也是非常重视的，更不用说知识体系上的这种逻辑联系啊，教学上的组织联系啊，都是非常严谨的。

【访】看来您的确是以理论见长，以严谨著称，开出的课都是比较经典的。有“走麦城”的经历吗？

【邱】当然也有啊，你要去研究嘛，总会有成功的时候也有失败的时候。有一段时间，我一直关注“单位”的认识教学课的研究，如“厘米的认识”“米和毫米的认识”“升和毫升的认识”“克和千克的认识”“面积与面积单位”等。我把这些课理出来，设计教案，进行教学。我记得有一次，我研究一节课，是关于“面积的认识”这部分内容。我总觉得，以前大家上的时候呢，都是先不说面积的意义，先去摸啊，看啊什么的。然后，教师在学生理解的基础上给出面积的意义。这样上的案例已经很多了，教学设计也很成熟了。那么我就想，三年级的学生，有没有能力自学这个面积的意义呢？能不能一开始就出示面积的意义，让学生读一读，说一说，看他们懂不懂，哪几个字、词不懂，然后再来展开学习，但对三年级学生来说可能比较抽象。开始的时候，我是在自己的区里上，是比较好的学校，一节课上下来呢，很好，我感觉也不错。后来到了普通一点的学校，也还能进行。再后来又上了几次，虽然觉得有点累，但也能上下来。这样试验下来，我就想，这样的一种设计也许是可行的。那么我要知道，这样的设计是否适合其他区的学生呢，因为我们区的数学教材与别的区的数学教材不一样，刚好有地方邀我上课，我就把这节课带去了，一个很大的会场，很多人听课，这班学生平时可能没有遇到过有那么多教师听课的场面，而且今天上课不在教室里，是在一个大舞台上，加上教师讲课的风格与自己学校的教师不一样，很不习惯。课上，很多地方，我引导得很累，学生的思维还是跟不上。一节课是40分钟，可我上了近50分钟。因为不是平时在学校上课，在这没有不能拖课的要求，我希望把课的完整设计让听课的教师看到，就硬着上了那么长时间。课后规定上课教师要给大家讲课的设计意图与课后反思，听课教师要与上课教师进行现场交流。这时候，有教师就质疑我这样的教学设计，不应该自己搞研究把学生当试验品。是啊，教师们是来听名师上课的，他们希望听到完美的课，也好回去模仿一下。他们的想法很朴素，我能理解。我其实可以带一节我已经上得很成熟的课去展示，但我没有，我的想法很简单，希望能将自己最新研究的东西与大家分享，也可以引起更多的教师去研究这节课。看来要做到这一点，也是有压力的。

访谈手记

我们都知道，这样一种分主题的"研究课""示范课""经典课"，其实是非常有难度的。邱向理老师不仅需要从宏观上对整堂课有一个理论的支撑，而且要在上百名听课教师面前，展示出这些理论在课堂教学中的实际应用，包括每一个细节，都马虎不得。另一方面，作为一名数学教研员，能够坚持从问题出发，从细节着眼，分主题地研究、开课、示范，这对于全区小学数学教师教学技能的提高，乃至教学质量的提升，都是大有裨益的。

◎是"算法多样化"惹的祸吗？

【邱】还有一次，我在一所实验小学听课，上的内容是"两位数乘两位数"，五年级的内容。教师教学的情境设计还是很好的，是学生熟悉的生活问题，同时也有数学意义。她给学生看一张图片，是我们平常超市里能见到的那种"学生奶"，箱子上标有："每箱24盒，运来16箱"的字样。接下来这位教师开始提学习要求："请看图提出数学问题，并列式。"

那么下面就有学生提出这样的问题："共有几盒'学生奶'？"并列式"24×16"。然后呢，教师就要求学生来研究："24×16"怎样计算？你看，这里面有独立思考啊，也有小组交流，最后呢，是全班反馈，得到了下面 4 种不同的算法：

(1) $24\times16=384$；

$$\begin{array}{r} 2\ 4 \\ \times\ 1\ 6 \\ \hline 1\ 4\ 4 \\ 2\ 4\ \ \\ \hline 3\ 8\ 4 \end{array}$$

(2) $24\times16=24\times10+24\times6=144+240=384$；

(3) $24\times16=24\times8\times2=384$；

(4) $24\times16=24\times4\times4=384$.

然后呢，这位教师开始引导学生把这些做法分成两类。第一类呢，就是用列竖式方法计算，第二类是先拆数，就是把两位数乘两位数的题转化成两位数乘一位数来计算。

这节课进行到这里的时候呢，我们都可以看出，这位教师的确是非常重视“算法多样化”的，并且呢，她能够比较好地组织学生小组合作学习和交流，教学技能也较熟练，应该说是达到了“算法多样化”的教学目的。等到最后课堂小结完成的时候，离下课还有 3 分钟，这位教师就让学生完成书上“试一试”的题目。我看了这个题目，是一道理解两位数乘两位数竖式算理的填空题，比较容易的。我坐在一边，就特别注意观察一个学生，看他做题的过程，这个孩子叫刘俊。

【访】连名字都记得这么清楚，这位学生一定是有什么特别的举动了吧？

【邱】对，我看他很有意思的。他拿着笔，感觉吧，欲下笔填数，又未下笔的样子，大概 5 秒钟过去了，下笔了，填了数，想了想，又用橡皮擦了。然后又过了几秒钟，他重复了刚才的动作，就这样，一直到教师组织反馈了。这个时候教师的反馈很简单，不知道是不是教师发现马上就要下课了，还是教师根本就没有发现不会做的同学或做错的同学，反正就是把一位成绩好的学生的作业在展示台上展出，这样子反馈一下就算了。那么这个刘俊呢，抬起头来，很快地把答案抄到了自己的书上，就这样子下课了。

那么我当时就在想，这个题目其实非常简单啊，为什么刘俊不会做呢？

【访】大概是他还没理解算理吧？

【邱】原因可能有很多，因为当时有一些听课教师嘛，那么我就先组织教师们讨论，大家就七嘴八舌说开了：

甲：刘俊因为没有理解两位数乘两位数的算理，所以这个简单的填空都不会做了。

乙：我也这样认为。刘俊可能是班上学习成绩偏中下的学生，像这样的学生对于算法多样化的学习，到最后一种方法都理解不了。算法多样化的教学理念是先进的，可是……（没有再说下去）

丙：这节课的教学重点是让学生探究多种算法呢？还是理解两位数乘两位数的竖式算理？这位教师的重点是放在“算法多样化”上的。而且在交流时，教师没有引导学生将算式与问题的情境结合起来解释。所以比较差的学生对算理很难理解。

甲：教学算法多样化时，必须要让学生学会一种基本的方法并理解算理。其他的方法大家见个面，听一听就可以，不必去理解它的算理。教师这节课平均使用了力气，没有突出竖式的教学。

乙：算法多样化，是学优生唱戏学困生陪伴。你想，在上课时就独立思考那么一两分钟，可能马上想出多种方法吗？能交流方法的学生其实课前已经拥有这种方法了。接受能力强的学生，可能会听懂其他学优生的讲解，对他们是有些好处，成绩差的学生自己想不出方法，也听不懂同学的讲解，这样对他们来说是不公平的。都是算法多样化惹的祸！

【访】看来老师们意见是比较一致的，那就是：刘俊是班上学习成绩比较差的学生，不会做题的原因是没有理解竖式的算理。当时您的看法呢？

【邱】真是算法多样化惹的祸吗？当时呢，这些教师也问过我的看法。我觉得教师们的话不无道理，很想发表一下自己的看法。但是还是先忍住了，没有说。因为，多次课堂观察与学生访谈的经验已经改变了我评课的风格，我不再完全依赖感觉或经验去评价课堂教学了，我觉得应该深入了解情况以后再作分析。于是我说：“让我们访谈一下上课的教师和刘俊同学吧？”

那么到了课后，我跟上课的教师稍稍拉了一下家常，就开始询问刘俊的情况：

我：你们班的刘俊数学成绩如何？能说说他的情况吗？

师：数学成绩在班上属中上水平，语文成绩很差，对数学很感兴趣。

我：我给你放一个刘俊课堂作业的镜头，你能不能谈一谈你的想法。

师：好的。（我们一起看刘俊课堂作业的片段）

师：（看完后说）上课时，其实我已经发现了有一批学生没有马上填出来，我觉得问题比较严重。与你一起听课的教研员跟我说过了，原因是我没有突出竖式的算理的教学，没有与题意结合起来，我觉得是有道理的。

我：我建议你对刘俊做个访谈，我把准备好的访谈题目给了她，请他来做这个访谈。我摄下了这一幕。

师：上课时，讨论一个算式用多种方法计算，你喜欢吗？

生：喜欢。

师：为什么喜欢呢？

生：可以学到自己没有想到的方法。

师：还记得我们上的“两位数乘两位数”这一节课吗？计算“24×16”你现在能用哪几种方法计算？请你写一写。

生写：

（1）$24\times16=384$；

$$\begin{array}{r} 2\,4 \\ \times\ 1\,6 \\ \hline 1\,4\,4 \\ 2\,4\ \ \\ \hline 3\,8\,4 \end{array}$$

（2）$24\times16=24\times10+24\times6=144+240=384$；

（3）$24\times16=24\times8\times2=384$；

（4）$24\times16=24\times4\times4=384$.

师：你能联系这题说一说算式中各部分的意义吗？

生：（逐个解释，完全正确）

师：（把编好的一道与“试一试”相仿的题递给他做）你能填空吗？

生：（正确地填出了）

师：（我们将刘俊做作业的片段回放给他看后）你当时为什么不会做这个题？是题意不理解吗？

生：理解的。

师：那是为什么呢？

生：因为题目我没有读懂，我弄糊涂了。

师：现在理解题意了吗？

生：理解了。

【访】啊，原来老师们最初的猜想都是不准确的，刘俊不是不懂算理，而是不懂题意呀。

【邱】对，通过一番访谈，我们推翻了听课教师最初的分析。刘俊并不是班上的学困生，被任课教师称为“数学成绩中上”的他，在这节课的学习其实是比较成功的。你看，他既懂了两位数乘两位数的算理，又学会了两位数乘两位数的多种算法。他的不会做题，纯属“不理解题意”。原因呢，可能有两方面，一个是刘俊对文字的理解能力不是很强，这验证了任课教师说的话“他语文成绩不好”。但我想更主要的一方面，是教材上对这题的表述，因为班上不理解题意的学生还不止是刘俊一人呢。但是，如果我们看不到这些，那么我们教师课后的评价，很可能就会归结到“算法多样化”的头上去。这里面其实就涉及如何评课的问题。

访谈手记

反思我们教师的评课，很多时候是凭自己的原有经验与听课时的瞬时感觉，尤其是有了一定经验的教研员，经常会有思维定式，甚至很多时候，只要知道上什么内容，不听课就知道这节课一般会出什么问题。但邱老师在评课时却非常谨慎负责，正如她自己说的：多次课堂观察与学生访谈的经验已经改变了我评课的风格，我不再完全依赖感觉或经验去评价课堂教学了，我觉得应该深入了解情况以后再作分析。

◎“孩子们有时很冷漠的，低年级的同学摔倒了，他看一眼走开了”

访谈手记

2006年，邱向理调至杭师附小担任校长。虽然不再做教研员，但是邱老师依旧坚持听课、评课，而且比以前的范围更广，甚至音乐、体育课都不落下。由此，她的关注点也得以拓展，从数学教学延伸至整个学校教育。邱老师经常从小孩子的一举一动当中，发现儿童发展中存在的问题，进而探索学校教育所能做的事情。

【访】您现在当校长了，更没有时间上小学数学课了吧？

【邱】尽管长期在做“教师的教师”，一个小学数学教学的研究员。当一个好的教师还是我不变的追求。现在当了校长，我觉得校长角色中包括“教师的教师”的角色，我仍然在进行教师培训啊，校长角色中还应包括小学教师的角色，我还在为孩子们上课呀，还在研究课堂教学呀，只不过校长的角色内涵更加丰富了。研究小学数学课的时间更少了，但育人的思考更深了，更全面了。

我觉得育人的责任重大啊，任务艰巨啊。我们杭师附小对家长作过调查，让家长举出孩子不良行为表现，家长反映最多的是，孩子任性、以自我为中心、缺乏爱心。我就亲眼看到孩子有时很冷漠，低年级的同学摔倒了，他看一眼走开了。有一次我值周，早上在学校门口看到这样一幕：天上在下“土”，一位学生穿着雨衣前面走，一位奶奶模样的大人一手撑着伞，撑着伞的胳膊上挂着孩子的书包，另一手提着塑料袋，跟在孩子的后面。到校门口，孩子直挺着身子，两手往后一伸，奶奶立即把雨伞往地上一放，帮孩子脱雨衣。脱完雨衣，奶奶从塑料袋里取出旅游鞋。孩子还是直挺身子，将脚一伸，奶奶弯下腰，帮孩子换好鞋，系上鞋带。孩子还是直挺身子，奶奶再从袋中取出红领巾帮孩子系上。完了，孩子没有任何表示，头也不回地走向自己的教室。我想，久而久之，这位学生还会管理自己的生活吗？还有动手能力吗？他对奶奶一个早上为他所做的一切，没有什么感觉，就觉得一切都是应该的，他不会与奶奶说声谢谢说声再见，他不会感激家长，不会对亲人表达爱意。一切都是以他为中心的。我觉得，小学阶段是孩子人格形成的关键期，“人格”的内涵比较丰富，定义也很多，而人格又是由一些日常的行为表现出来的呀。

【访】其实生活中类似的事多着呢，可能没有引起我们的重视吧。

【邱】是的。还有，现在的孩子，独生女子占多数，当前的儿童，尤其是城市的儿童，一方面，缺乏兄弟姐妹，邻居也不太来往，限制了儿童的人际交往范围。一般交往仅局限于家庭和学校中，儿童的自我中心倾向严重，缺乏互助合作精神，不善于表达自我和与人沟通的现象严重。另一方面，父母紧张的生活节奏和社会压力，妨碍了与孩子有效的交流沟通和充分的情感联系，儿童的情绪情感缺乏宣泄和排解的途径，心理健康水平降低。再说啦，在学校中，虽然新课程改革以后，教师的教育理念在不断更新，课堂上的师生交往，更注重师生平等交流、情感交流。但课堂教学嘛，有其自身的特点，课堂教学中的情感培养，是在学科知识技能学习的过程中进行的，如果教师根深蒂固的、传统的以掌握知识为核心的教育观念没有得到彻底改变的话，课堂上师生交往的内容就会局限于知识的传递，妨碍师生间的平等交流，造成学生的独立自主性较差，探索和创新意识欠缺，学生人格的健康发展受压抑。为了缓解儿童在发展中面临的危机，我们学校尽可能地创设有利于小学生人格发展的生态环境，为学生提供特定的时间和空间专门进行交流和沟通。

【访】您觉得孩子的人格教育应在社会交往中进行吗？

【邱】是的。为此，我们学校还特意开发了一门校本课程呢。是一门情感教育课程，我们取名“亲密接触活动课”，挺有意思的一门课。主要是让教师和孩子们完全放松地去交流，去玩。不然啊，我总担心现在教师与孩子之间的交流太少了。你看我们一般在学校里，教师跟孩子的交往主要是课堂里的，而这40分钟的交往呢，其实是在进行教学活动，不可能有很多情感上的交流，他跟你的交谈不像是玩伴那样的交谈。但是在我们这个“亲密接触活动”的课程里面，教师也玩，学生也玩，非常地融洽，这个时候，学生真的和教师之间没距离了，他们放松了，甚至可以和这个教师勾肩搭背啊。我想孩子的成长，同伴间的交往，与成年人的交往对他的影响更大、更重要。再说，这样的亲密接触活动，教师能更清楚、更仔细地了解学生的想法与表现。

【访】听起来蛮有意思的，您给我们具体讲讲这门课程是如何开展的吧。

【邱】我们学校是专门拿出星期二和星期五上午各半个小时上这个课。这段时间里让所有的教师都转变角色，教师全部成为孩子的大玩友，孩子是小玩友。首先大玩友、小玩友进行双向选择，同一个年级的所有班级全部打通，自由组合，学生可以选择自己喜欢的教师做“大玩友”，教师也可以挑学生。一般呢，我们是安排一个教师和六七个学生，组成一个亲密接触小组。第一次的时候，学校专门做了一个《亲密接触活动玩友介绍》画册，家长和孩子人手一本。我们把全校每位教师的照片全都放在画册里面，有照片，还有“玩友介绍词”，写得都很精彩。到了亲密接触活动的时间呢，你这个小组可以在校内，也可以去校外，自由选择活动地点，活动形式由小组商定。我们杭师附小校外环境资源也很好的，旁边就是吴山广场，西湖就在我们附近，孩子们玩起来非常方便的。每次一到活动时间，孩子们可开心啦！在亲密接触活动中，教师细心地观察孩子的行为，及时以大朋友的身份，评价与鼓励孩子积极的行为，引导纠正不良的行为。这些在平时的课堂上是做不到的。

我们的教师还做了许多的案例分析呢。

【访】学生们一定非常喜欢这样的课吧?

【邱】小孩子非常喜欢这样的课，比如星期二要亲密接触活动了，那么学生星期一就在问他的大玩友了：“我们明天玩什么?”我们杭州市学生有春假嘛，那次春假刚好与“五一”节连在一起，学生可盼望着回校啦！我记得有一个学生家长就跟我说，他儿子一天到晚在家里面念叨，“我想上学了喽，上学可以有亲密接触活动的!”长假回来，很多学生急着去找自己的大玩友。

【访】您给我们讲讲这门课程的具体实施情况吧，比如您去听课的见闻。

【邱】有一次，我跟着一个教师去观察她的亲密接触课。大玩友带着小玩友向吴山广场走去，我与浙江大学儿童心理系的徐教授跟在后面观察。当时是放假刚返校，我就看见几个小玩伴啊，与大玩友挨得非常近，一路上唧唧喳喳的，告诉大家自己在“五一”节里的情况。这个时候的交流跟课堂里面的交流完全不一样的。这个时候我们的教师呢，也听得很开心，对孩子的了解也更深入、更清楚了。

我还发现，孩子之间也有差别。有些孩子呢，就抢着说，还有一些呢，就不怎么说。我观察到有一个孩子，他始终就在旁边，没有机会交流，也不主动交流。我想啊，平时这种孩子最容易受冷落的。那么现在有了“亲密接触活动”给教师这样一个机会，就是让你去关注每一个孩子。所以我就去观察，还不错，这位教师也发现了这个不说话的小玩友，她就走过去，牵着这个孩子的手，教师主动与他交流，让他与其他孩子说话。

再后来，他们开始做游戏，有一个孩子不小心摔了一下，我看到这位教师就去关心他。但是呢，发现她并没有去组织其他的孩子去关心这位摔了跤的孩子，比如教孩子们说一些表示关心他的话，做一些具体的帮助别人的事情啊，就是说在这种亲密接触活动中，我们要教孩子学会交往，理解别人、关心别人，表达对同伴的一种关爱，所以像类似的这种事情，教师应该抓住机会，而不只是说我自己做好就行了。后来这位教师对这次亲密接触活动进行了反思，写了一个案例分析文章。事实上，在这样的活动中教师的专业水平也在不断地提高啊，尤其是对学生的了解方面，可以积累丰富的第一手资料。

【访】对于这样一门全新的课程，我们如何评价学生的表现呢?

【邱】这个呀，开始我们也比较困惑，因为之前也没有可以参照的，那么在大家的一次次的讨论之中，加上我们还请了大学的教授指导，最后大概确定六种评估方式。首先就是自然观察，主要由我们教师根据观察目标，在自然状态下，采用看、听方式，直接观察学生的言谈举止和“喜怒哀乐”等各种情绪情感的状态、及其发生的特定环境，对学生的情感水平做出分析评价。其次还有实验室观察、问卷调查以及访谈法，等等。这些都是要有特定的情境，还要有问卷、访谈提纲，然后进行定量和定性的分析。另外我们还准备有标准化测验，主要是根据考查内容，选择合适的、具有良好信度和效度的标准化工具进行测验，对所得数据进行深入的统计分析。最后一个评估办法是个案法、传记法等评估方式的综合使用，主要是根据研究目的，选择特定类型的学生对象进行全面的了解和细致的追踪，查阅学生的相关信息如情绪日记、作业、学业成绩等，考察活动课程对学生产生的影响。

这是方法上的，另外在内容上，我们也是一个“六”，即主要测评学生六个方面的情感水平：各种情绪能力，独立自主性，自我概念，各种人际关系，交往技能，以及社会性发展指标，包括移情能力、亲社会倾向、合作性，等等。

访谈手记

档案袋、情绪日记等记录学生行为的评估手段实际上早就存在于许多的教育方案中，但邱老师所开发的“亲密接触活动”的记录更多地重视学生在活动的过程中所反映出来的经验、记忆、想法。比如在活动的不同阶段学生所完成的不同作品，反映活动过程的照片，学生在活动中的讨论、评语和解释以及教师和家长的评语。这种记录贯穿于整个课程活动的始终，它传递给学生一种“价值感”，使孩子对自己在课程活动中的表现更加认真负责，也使儿童得以回味或学习别人的表现，从而提高其学习的广度和深度，并发展自评和互评的能力。可以说，记录本身以及它和学生之间的互动对于学生兴趣的维持以及方案的发展有重要的作用，而教师也是依据所记录的丰富而翔实的资料来进行评估，并提出适宜的课程以支持每个学生的学习和发展的。应该说，记录提供了标准化测试所不能提供的信息，反映出了远远超出传统测试范围的内容，有利于更深入和广泛地理解学生。此外，这样的一种记录其实还是研究的工具和手段，能够让教师根据学生的参与程度和发展程度对活动进行不断计划、评估和再计划，培养教师的研究和过程意识。最后，它还是家长参与的又一种方式，能够让家长认识学生在校园的生活，从而共同参与到子女的教育中。

一个孩子的一天

安奈特·L. 布鲁肖

上一整天学，
写完作业才能玩；
八点要上床，
天刚亮要爬起来——不能迟到！

今晚躺在小小的床上，
让我许个自私的愿望；
求求你，太阳公公，明天多待一会儿吧，
——我，我想玩会儿。

资料来源：安奈特·L. 布鲁肖. 给教师的101条建议［M］. 方雅婕，译. 北京：中国青年出版社，2007：76.

访谈手记

贝利小时候爱玩球，长大后成了超级球星；眼镜商的孩子玩镜片，从而发明了望远镜，“玩”让世界变得鲜亮、变得生动。苏霍姆林斯基曾经在《帕夫雷什中学》中这样说道：“我能举出几十个实际例子，来说明那种看来似乎是最难接近和最不开朗的孩子只是由于我和他因同一项活动或者同一本书、同一场游戏、同一次旅行而高兴、而激动，才向我敞开了心灵。”[①] 在一篇关于杭师附小开展这门课程的报道中，我们看到了这样一个颇受学生欢迎的俱乐部——“大脚板俱乐部”和大玩伴——孙丽女老师：

孙老师自己就是大脚板，带领11个小脚丫去吴山做登山运动，以小组为单位，分三个小组最后在吴山的十二生肖石汇合。这个活动一个是玩得开心，

① 苏霍姆林斯基. 帕夫雷什中学［M］. 赵玮，等，译. 北京：教育科学出版社，1983：11.

另外能够锻炼组员互相合作的能力，主要是这样一个设想。

布置完任务，三个小组迅速行动起来，比比谁先到达目的地，小智尾随其后。一路上，我们看到和“大脚板俱乐部”一样出来玩耍的玩友们还真不少，或爬山、或放风筝。比起坐在教室里，这节课上得有些疯狂，却令人激动。

15 分钟后，小智终于赶到吴山的十二生肖石，大脚板和小脚丫们却早已抵达多时了。沿途的奔跑让大家出了一身热汗，这不，脱下外套统统丢给我们的大脚板了嘛！

大脚板倒是答应得爽快，难怪小脚丫们如此拥戴她了。除了幽默、聪明、可亲，更多的时候大脚板还像是位大姐姐般照顾大家，与高高站在讲台上的教师相比，“亲密接触”课上的教师实在是太可爱了！

11 点半，大脚板俱乐部的同学回到学校，大脚板悄悄招呼三位小脚丫去她的办公室。原来他们是今天爬山活动最先到达目的地的小组，为此大脚板给了他们一点小小的奖励——每人一块巧克力。

大脚板孙老师告诉小智，自从学校开办“亲密接触”活动课以后，学生比以前更愿意接触他们的教师，在课堂上也更专心听讲，积极举手发言。孙老师还说，现在即使是在学校里，同学们也亲密地称呼她为“大脚板”！

第五章
亲 近 理 论

厚积薄发
——邱向理在教师会上作报告

◎“我们搜集了很多很多的教案、光盘，看了之后总结”

访谈手记

针对小学数学教学中的某些专题进行历史的梳理和提炼，在很多一线教师看来，是相当学术的一种研究方式，而且似乎用处并不大。但是，邱向理却在上城区的教师培训中，带领着教师们进行大量的历史研究，并让教师们尝到了学术研究的甜头。

【邱】比如关于平均数的研究，相对于过去的《教学大纲》，现在的《课程标准》关于这一块内容的修改是很大的。既然有变化，我们就要去研究。看看到底不同在哪里，有哪些新的东西，到底为什么要不同？当时我们有一个研究组，很多教师都参与了。我就带着他们先去研究“平均数”教学的历史，把以前的教学大纲全都拿出来，一个一个去看它的教学目标，看它关于平均数的要求是怎么样的，看它的教学目标的演变。然后再把以前所有的关于平均数的案例啊、录像啊、光盘啊都搜索出来，全拿来看，看他们在教法上有什么不一样，在教学设计上有什么不一样，根据现在的要求我们又应该怎么去上这个内容？我们对未学过“平均数”的孩子进行了调查，了解他们可能会怎么说这个“平均数”，用为了“平均数”，我们还专门组织教师到社会上去调查，了解成年人对“平均数”的认识。最后我以“继承不泥古，创新不离宗”为题写了一篇关于“平均数”教学的研究报告。后来，我们在“中国杭州名师名校长论坛”中的名师风采展示会上作了关于“平均数教学”的报告，一起参加研究的邵老师还开了两节“平均数”的课。

【访】蛮有意思的，很少看到有一线教师走出学校进行调查统计，教师们对这一活动形式反应如何？

【邱】教师们通过走出去访问，发掘了很多以前想不到的资料，而且都是第一手的资料。很多成年人现在回忆起来，对于求平均数的方法比平均数的统计意义要印象深刻得多。比如很多人会这样回答：

“我在小学二三年级时学过平均数，平均数就是把一个总数平均分成几份，每份是多少。”

“平均数就是一组数据的平均值。我们可计算平均成绩。”

“我一年的收入加起来除以12，就是我的月平均收入。可以计划我的生活开支情况。”

“在聚餐时，AA制分配承担的费用，就用到平均数了。”

“我是运动员，我会利用求平均数的方法求我的跑步平均速度。”

“我在大学里学过，平均数是一个统计量，表示一组数据集中趋势的量。用平均数能比较多组数据的整体情况。”

【访】收集来这么多材料怎么去分析并能让教师们在教学方面受益呢？

【邱】这些材料摆在面前，那么首先我就带着教师反思，这一知识除了与人们的生活经验有关以外，是不是和我们在教学中，长期把“平均数”作为一类典型应用题教学有关。前面也讲到啦，我们的教师通过研究大纲的演变，发现目前对于平均数的要求，在理解它的统计意义这一块加强了，而不是以前那样非常强调计算。比如在20世纪80年代末至90年代中期这段时间里，“平均数应用题”教学的设计基本形成了一个相对固定的模式。教学目标基本上就是三个：理解平均数概念，掌握求平均数的方法，会解决生活中的简单的实际问题。

【访】这三个目标分别有具体要求吗？相互之间应该是有层次之分的吧？

【邱】肯定是有的，我们总结为两个层次：第一层次呢，就是理解平均数概念，掌握求平均数的方法。到第二层次，就要使学生建立简单的求平均数应用题与较复杂的平均数应用题的联系。一般我们在小学四年级可以完成第一层次的教学，第二层次则在五年级完成。

【访】现在请您来评价一下这个模式吧？

【邱】这样子下来，学生的基础会非常扎实，但是有一个问题，越到后来越明显，那就是太死了。比如你看第一个目标，也就是“理解平均数的概念”，那个时候的教学设计，一般都是分这样三步：

首先，通过直观图，使学生形象地了解求平均数应用题的基本思想。

比如用24个正方体搭成不同高度的长方体，如果要搭成相同高度的长方体，可以用哪些方法？在这里面，使学生看到“要搭成相同高度”就是将小正方体移多补少，使每个长方体含有的小正方体个数相等，这就是平均数。

再比如，通过水槽里三格不同量的水求水面的平均高度，使学生明确平均水面高度不是指实际三格的水面高度，而是指如果要使三格的水一样多，水面的高度就一样了。而这时每格的水面高度是三格水面的平均高度。这是第一步。

第二步呢，就是从统计知识的角度说明平均数的概念和求平均数的方法。

比如给一个情境，两个班的学生在校办工厂糊纸盒，然后给一些数据让学生来比，哪个班平均产量多一些？多多少？类似这样的题目。学生就要学会怎样求出每组平均产量，最后得出平均数应用题的数量关系：总数÷总份数=平均数。

到了第三步呢，教师就要从分析比较中帮助学生掌握解题的规律。让学生知道，在找总数与总份数时，先要确定要分的总份数，再找总份数相对应的总数。

总之，我们总结那个时候的教学环节一般就是这样的模式：

1. 由“每份数”引出平均数概念，直观理解意义；
2. 解答简单的平均数问题，发现不同的计算方法；
3. 寻找求平均数规律，突破难点；
4. 沟通关系，解答复杂应用题。

【访】的确是这样，那个时候，教学上一步接一步的，要求都是很清楚的。

【邱】这样的教学呢，在1988年以前的教学大纲背景下，应该说是一种成功的设计，因为它有利于学生建立平均数应用的数量关系，有利于学生掌握求平均数的方法，有利于学生解答较复杂的平均数应用题时识别“总数÷总份数=平均数”的数学模型。但是这样的模式下来，学生虽然基础很扎实，但是淡化了对平均数统计意义的理解。所以到了20世纪90年代，按照新大纲，陆续有各种新的模式出现。

【访】您这里说的新大纲，是1988年那版吧？

【邱】对，是1988年的《九年义务教育全日制小学数学教学大纲》，是初审稿。这里面把平均数作为统计知识进行教学，因此平均数教学的目标和教学设计的层次都发生了变化。对于新出现的模式呢，我们总结为两类。

第一类，把平均数作为统计量教学，但实质上还是将平均数作为一类应用题，这从它的教学环节里面就能看出来，它一般都是这样的：

1. 由“每份数”引出平均数概念，直观理解意义。这里呢，也就是我们说的“创设统计情境”。

2. 解答简单的平均数问题，发现不同的计算方法。这里和以前不同的是增加了统计图表。

3. 寻找求平均数规律，突破难点。和以前相比，这里与统计背景联系更紧密。

4. 沟通关系，解答复杂应用题。这里的变化就是，习题的素材更新颖一些。

【访】的确比以前更重视统计的意义了，那么第二类是什么样的呢？

【邱】第二类同样将平均数作为统计量教学，但削弱了平均数的计算能力。你去看它的教学环节，一般都是：

1. 在统计情境中提出平均数问题，了解平均数的统计意义。

2. 求一组数的平均数，发现不同的计算方法。

3. 用平均数解释生活中熟悉的现象。

4. 用平均数比较几组数的整体水平，或分析估计一组数的总体情况。

【访】您研究的真是非常深入，那么通过梳理这些内容，您觉得这些“改版”后的平均数教学有什么利弊呢？

【邱】第二类呢，是真正的改版，更多体现了平均数的统计意义。我总结它的成功之处就在于，使学生更多地从统计角度去理解平均数的意义，能够比较好地把握平均数的特点，也能恰当地选择平均数解决一些生活中的简单问题。

但问题也很明显，因为这样的设计往往要求在一节课里面完成四个教学层次，这样就容易华而不实。你说让学生理解意义吧，他理解不到位，往往是走马观花。你说让学生学习计算的方法吧，同样是蜻蜓点水。

【访】您考虑过为什么会有这样一个两难的局面吗？

【邱】归根结底，这里面有一个矛盾，就是如果你是把平均数的代数运算作为教学重点，就会被人看成是穿新鞋走老路。但是如果你淡化平均数的代数运算，而将统计意义的建立作为教学重点的话，学生连求平均数的基础都不扎实，你还要求他去用平均数表述一组数据的特征，简直是天方夜谭嘛。所以说这里面的这个度，实在是很难把握。

所以到后来，我们又研究 1992 年、2000 年的大纲，看它们对平均数的要求，到这个时候，教师们逐渐对平均数的教学又有了新的认识。首先是对平均数的意义，我们教师基本达成这样的共识：

小学数学教学中的“平均数”指算术平均数。

若干个不等的数，在总量不变的情况下平均分成若干份，每份数就是平均数。

平均数始终处在这组数的最大数与最小数之间，这组数在这个数的上下波动。

平均数代表这组数的整体情况，用这个数能估计这组数的分布情况，也能进行不同组数的整体情况的比较。

【访】这个时候不光大纲有变化，学生的情况也会发生变化了吧？

【邱】你说得很对，接下来呢，我就组织教师对学生的情况进行调查，发现三年级以前的学生，通常对一些个别的数据感兴趣，如最大值啊，最小值啊。比如我上的那节“20以内进位加法”，给两组数据，一组是9和2，另一组是7和8。那么小孩子呢，往往看到有一个9，就觉得那一组最大，他不考虑整体的。当然，如果你问他，他们也会用学过的加减乘除，说出数据的相差关系，或者倍数关系之类。但是总的来说，这个时候，他们还不会把一组数据看做一个整体来进行描述，或者与另一组数据进行比较。比如在调查中我们就发现，他们把一个班看成是一个总体的样本这样的概念还没有形成。

【访】有道理，所以古人才会有“朝三暮四”的成语啊，主人喂小猴子，早上3支香蕉，晚上4支，猴子嫌少。于是主人说：“那么早上4支，晚上3支，总可以了吧？”小猴子不懂啊，看到前面4比3大，就同意了。这和您说的是一个道理啊，小孩子对一组数据很难整体把握的。

【邱】大多数三年级以下的学生确实就是这样的，但是我们也发现，这些孩子开始知道一组数据能够被组织与排序，而且在排序之后能够发现这组数的一些规律。所以呢，我们就认为，从三年级开始，安排他们学习平均数的内容是合适的。

光有这个结论还不够啊，我们还要在这个基础上，去考虑，平均数在不同的年级教学重点应该分别是什么呢？因为随着年级的升高，学生虽然对“抽样”这样的概念的深入理解还有困难，但会慢慢形成统计推断的观念。那么最后我们教师总结下来，三到六年级，应该让学生从分析和描述一组数据，逐渐转移到比较两组或更多组的数据上。

【访】这些结论都是您带着教师们总结出来的吗？非常不容易啊。

【邱】对啊，教师们不仅自己总结出来这些结论，而且，由于是“做中学”嘛，教师们通过思考得出的结论，理解起来非常容易，而且深刻，记的也牢。我总给教师说，我们虽然在一线教学，但是也是要学点理论的，理论其实是很亲近人的，也是很有用的。在后面的培训中，教师们有了这些历史研究做基础，大家坐拢来讨论，就可以进一步设计出不同年级的关于平均数教学的环节。

【访】教师们自己新设计的环节是怎样的呢？给我们举两个例子吧。

【邱】可以。比如在三年级，主要是分成五块：

1. 由“每份数”引出“平均数”，直观理解意义。

2. 借助方块图，发现求平均数不同的计算方法，并进行简单的计算。

3. 利用条形图、折线图估计一组数的平均数的位置，直观理解平均数特点。

4. 用平均数解释或分析生活问题。

5. 解答需逆向思考求平均数的题。

而等学生到了四年级呢，教师可以考虑运用下面这样的设计。

1. 在实际情境中用平均数比较多组数据的情况。

2. 利用收集的数据求多个数据的平均数，发现求平均数的规律（突破难点）。

3. 用平均数的特点解释现象并注意沟通简单问题与较复杂问题的关系。

4. 利用收集的数据解决较复杂的“平均数”问题，或解释较复杂的关于“平均数”的现象。

【访】您觉得这样的教学环节和以前相比有什么创新之处呢？

【邱】我们的创新就是把平均数的意义分成几个年级进行教学，而且利用学生熟悉的生活情境与直观的图形，把“求平均数技能”的掌握与“平均数统计意义”的理解有机地整合起来。那么我们每一次的关于平均数的教学实践，总会给我们带来惊喜与遗憾，也就是这每一次的遗憾，使我们产生了再实践再反思的动力。对于其他的专题也是，我们一个单元、一个单元地去研究。如像分数的意义，也是这样的，是一种历史的研究，追寻它的历史，我们搜集了很多很多的教案、光盘，看了之后总结，看哪些是有问题的，是需要改进的。

【访】我们还看到您有一个关于分数的研究，好像是把20世纪90年代以来的典型教案都做了分析的，给我们讲讲吧。

【邱】你说的那个呢，是“分数的认识”，这一块是小学数学的传统内容，属于分数学习的起始课，一般放在三四年级来上。应该说这部分内容是比较重要的，因为对小学生来说，分数概念比整数与小数概念更为抽象，之前很多人也从不同角度研究过。我呢，通过梳理大量的教学实录，发现在20世纪90年代就形成了关于分数认识的基本模式，也就是：“分饼引出分数——认识$\frac{1}{2}$——认识$\frac{1}{3}$——认识$\frac{1}{4}$和几分之一”。但是到了20世纪末，人们开始研究这样的教学环节：“分饼引出分数——认识$\frac{1}{2}$——几分之几”。这里面，省去了原来的“学习几分之一”的教学环节，这使“分数的认识”课堂教学行为发生了很大的变化。那么我就要研究，这样的改变会带来怎样的教学结果？

【访】先别说结论，先给我们具体说说这两类模式吧。

【邱】我一共收集了20世纪90年代以来“分数的认识”教学设计、课堂实录资料20多份，总结了三大传统。

传统一：

分数的来源——月饼分成相等的份数。这里面尽管把“月饼”换成“桃子”“苹果”等，但分数来源的实质没有变化。

传统二：

分数意义的理解——借助折纸（平面图形长方形、正方形、圆）活动。

传统三：

教学环节——先认识$\frac{1}{2}$，再认识$\frac{1}{3}$，然后认识$\frac{1}{4}$等几分之一的分数（到20世纪90年代末，教学环节稍有变化：先认识$\frac{1}{2}$，再认识$\frac{1}{4}$，然后由整个图形的$\frac{1}{4}$的另一部分是多少，带出四分之几的认识）。

【访】您觉得这样一种模式背后的理论支撑是什么呢？

【邱】对于分数意义的理解，也就是教师边演示折纸，边解释的过程。我觉得主要是借鉴了巴甫洛夫的分析器学说以及苏联心理学家关于儿童知觉的研究。巴甫洛夫关于第一与第二信号系统相互作用的学说在教学中的应用，最典型的是关于直观教学的理论。这个理论主要是说：你要保证儿童最有效地知觉对象与现象的主要手段，最好就是将教师的巧妙用词与儿童的感性印象相结合。所以呢，教学即使具备了最有效的直观教具，但如果不通过教师的分析讲解和提示，也就是说，你教师不去好好地组织学生的知觉过程，那么，它的教学效果是很差的。因此，那一时期的教学设计，是没有让学生自己动手操作的，而是教师演示相伴叙述讲解。直到20世纪90年代末期开始，由于新课改的启动，受“建构主义理论”的影响，人们开始意识到学生的经验积累是学习的前提，要让他们主动地去组建知识结构，所以，学生最好能够在课堂上经历在一个平面图形上找出$\frac{1}{2}$部分的全过程。这样一来呢，原来教师的演示活动变成了学生的操作活动。

【访】那么对于第三个传统，也就是您说到新模式中有变化的那个，它原先的理论背景是什么呢？

【邱】对于原先的教学环节：“先认识$\frac{1}{2}$，再认识$\frac{1}{3}$，然后认识$\frac{1}{4}$等几分之一的分数”，我想它的产生大概有两方面的原因。第一，传统的教材观所致。以前的教材对“分数的认识”教学内容的编排大致分这几个层次。教师嘛，总要忠实于教材，教材怎么安排，教师就这么教学。那么对于“几分之几”的内容来说，既然教材里面没出现，那么教师在上课时如果出现了，就是犯了“超纲”的“错误”。所以这些年来对分数认识的教学设计的方案相对比较单一，很少有突破性的改变。第二个原因呢，我想可能是因为教学理论的支持。我们在阅读教学论的时候，就会发现“程序教学”，这一原理是由控制论带给教学论和中小学教学实践的。作为程序教学的基础，是精选教材内容，删枝强干原则：教学内容按小分量（小步子）编排；学生每走一步获得一份作业；完成这份作业，立即得到“强化”。它的意义在于，在单位时间内花最小的力气达到较大的教学效果。“先认识$\frac{1}{2}$，再认识$\frac{1}{3}$，然后认识$\frac{1}{4}$等几分之一的分数。”这样的设计，就是“小步子、拉着学生走”的具体表现。它的优点是，对形成技能技巧迅速见效，但不能激发学生掌握知识的创造性和主动精神，而且这种教学排除学生之间的交流，削弱教学的教育性。

【访】那么您通过梳理发现什么时候开始有变化了呢？

【邱】我对2000年到2004年关于“分数的认识”的教学设计与课堂实录进行了分析，发现这一时期的教学有“继承”和“创新”两大特点。继承嘛，就是保留了原来的“分月饼”和“折图形”环节，创新呢，主要就是体现在“节省几分之一”的教学环节。

我画一个图给你看就比较清楚啦：

传统教学环节：

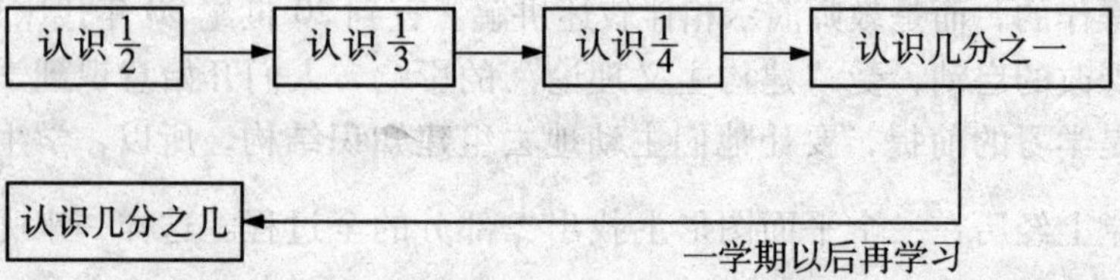

创新的教学环节：

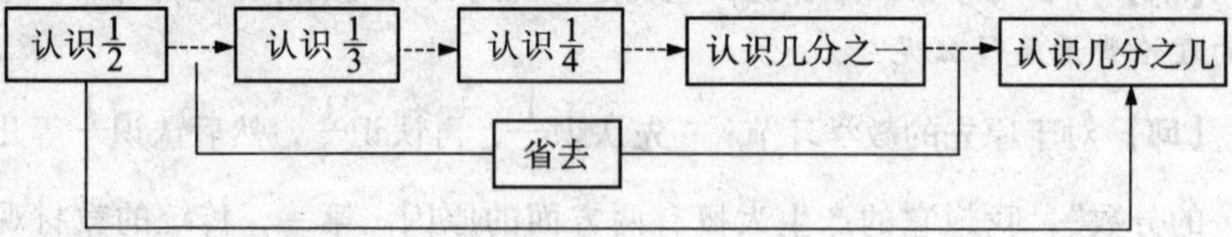

【访】您觉得这一创新的实质是什么呢？

【邱】重要就是改变了学生的学习方式，由原来的“知识传授”“例题—练习”转化为“对学生的鼓励”“积极的探索”。我总结了 2000 年以来这种新教学行为的尝试结果，比如有一位教师在 2003 年的教学设计要点是这样的：

认识$\frac{1}{2}$环节：

1. 教师了解学生对分数的理解；

2. 学生选择自己喜欢的图形纸（长方形、正方形、三角形、圆）任意折成两部分；

3. 交流后按“平均分”“不平均分”将折好的图形纸分成两类，强调“平均分”“不平均分”；

4. 教师讲解：平均分的，其中的一部分可以用分数$\frac{1}{2}$表示。并小结板书“把一个东西或一个图形平均分成两部分，它的一部分可用$\frac{1}{2}$表示”；

5. 写$\frac{1}{2}$。教师先了解学生可能是怎样写$\frac{1}{2}$，再给标准的写法；

6. 学生讨论：为什么这两个部分都是用$\frac{1}{2}$表示，但是图形的大小不一样？

7. 学生说生活中遇到的分数。

认识几分之几环节：

1. 学生说一说自己知道的分数。

2. 选一个分数，用图形纸折一折、涂一涂，选一个阴影部分写上这个分数。

3. 交流。学生说一说自己选的分数，说一说是怎样折出这个分数表示的阴影部分。

4. 在教师的引导下，归纳“把一个东西或一个图形平均分成几分，其中的几份就是它的几分之几”。

【访】您怎么评价这种设计？

【邱】相对20世纪90年代的教学设计来说，优点是很明显的，比如学习起点的确定更加符合学生的实际，扩大了学生主动建构知识结构的空间，给学生提供了“再创造”的机会，重视所学的知识与生活的联系，增加学生课堂交流的时间，缩短分数的认识总的学习时间。但是，教学后也出现了一些问题，比如在认识$\frac{1}{2}$后马上认识几分之几，部分学生会感到困难。而且由于认识$\frac{1}{2}$时，学生操作、交流时间增多，几乎用了半节课，导致几分之几的认识学习任务完不成。

到了2004年，这位教师改进了之前的教学设计。

认识$\frac{1}{2}$教学环节：

1. 教师演示“把一个苹果平均分成两半”，同时说：“老师把苹果平均分成两半，其中的一半可以用$\frac{1}{2}$表示。”

2. 让学生选一个图形纸（长方形、正方形、三角形、圆）折一折、涂一涂表示出能用$\frac{1}{2}$表示的部分。

3. 交流。学生说一说是怎样折的，哪一部分可用$\frac{1}{2}$表示。

4. 学生讨论：为什么这两个部分都是用$\frac{1}{2}$表示，但是图形的大小不一样？

认识几分之几环节：

1. 出示操作要求。

（1）想一个分数；

（2）选一个图形纸折一折、涂出能用这个分数表示的阴影部分；

（3）交流，说一说你想的分数，怎样折出和涂出用这个分数表示的部分的。

2. 写分数，教师先边说$\frac{3}{4}$的意义边写$\frac{3}{4}$。然后让学生边说边写自己想好的分数。

3. 认识分数各部分的名称：分子、分母、分数线。

4. 让学生说一说分子、分母都表示什么意思。

【访】您觉得改进后的优点体现在哪里呢？

【邱】改进后的教学设计的优点就非常明显啦。首先是通过分苹果的活动激活了学生的原有的生活经验，然后把生活经验提升为数学知识经验，丰富了学习分数的知识背景。还有最关键的就是，让学生连续经历认识$\frac{1}{2}$、几分之几的整个过程，有利于学生对$\frac{1}{2}$意义的理解。

【访】这节课的实际教学效果如何？

【邱】学生的掌握还是很好的，对分数意义的理解比改进前要深刻，学生参与的自主性、探究性也更强，而且学生课堂交流内容更加丰富，数学语言更具有逻辑性和思考性。

【访】环节只稍稍变了一点，最后的结果就非常不同啊，真是有趣。

【邱】我之后也琢磨这个事情啊，你看，两种设计都是用了“先认识$\frac{1}{2}$，再认识几分之几”这样的教学环节，大的环节都没变，为什么教学结果有这么大的不一样？等我仔细把两个教学流程画出来，这才开始看出些眉目来。

“$\frac{1}{2}$的认识”改进前的教学流程

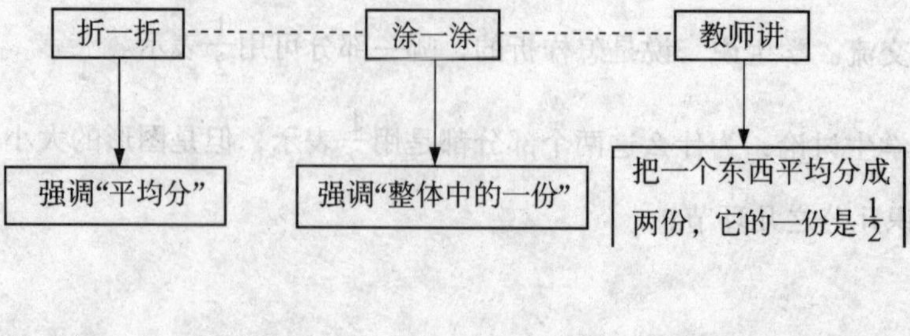

"$\frac{1}{2}$的认识"改进后的教学流程

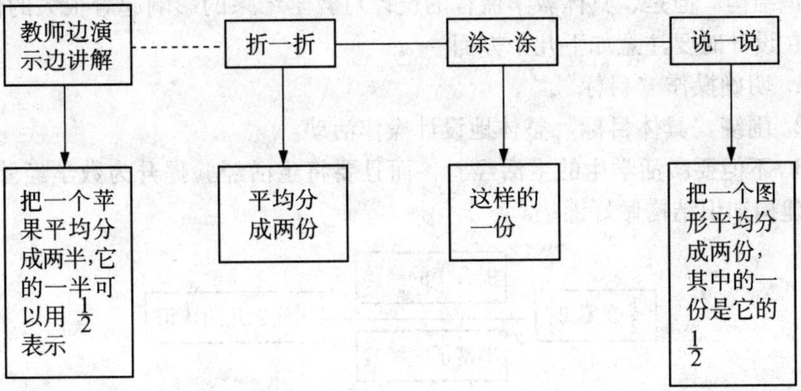

"几分之几的认识"改进前教学流程

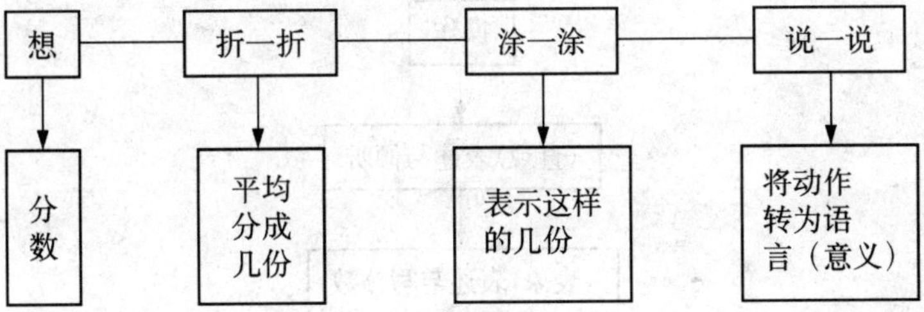

"几分之几的认识"改进后的教学流程

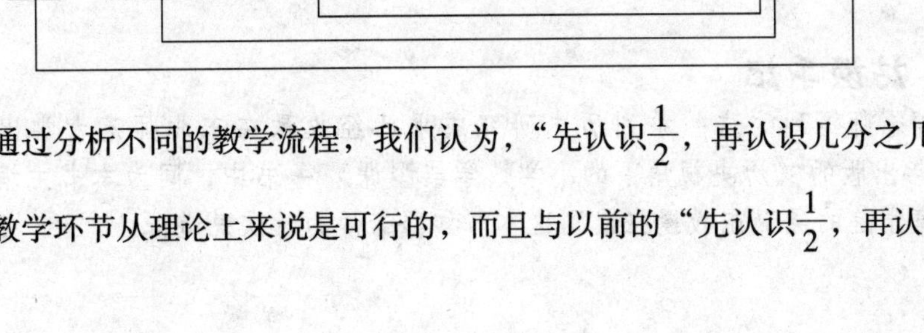

通过分析不同的教学流程，我们认为，"先认识$\frac{1}{2}$，再认识几分之几"这样的教学环节从理论上来说是可行的，而且与以前的"先认识$\frac{1}{2}$，再认识$\frac{1}{3}$，

再认识$\frac{1}{4}$，再认识几分之几”这样的教学环节相比，更有利于学生的主动组建知识结构。但是，具体教学流程的设计对教学结果的影响起着很大的作用，所以在设计时要注意如下几个方面。

1. 明确操作“目标”。

2. 围绕“具体目标”整体地设计操作活动。

3. 不但要激活学生的生活经验，而且要将生活经验提升为数学经验，为主动建构知识结构做好铺垫。

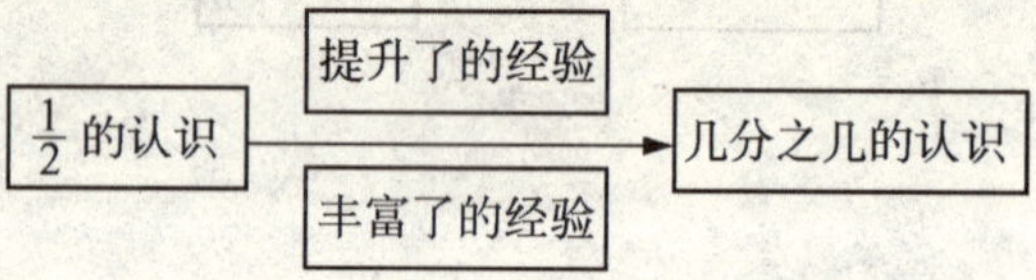

4. 操作——表述，让学生经历由具体到抽象整个过程。

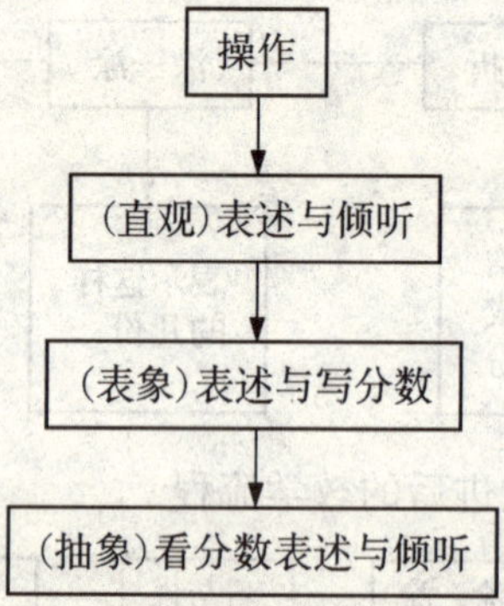

5. 要重视学生在学习过程中的数学语言的训练。思维与语言是分不开的，没有语言就不可能有人的理性的思维。有了概括化的语言，能够打破感觉的局限性，使人的感觉、知觉、表象上升为理性的思维。

访谈手记

邱老师提到的这一系列历史研究成果已经收录在东北师范大学出版社2006年出版的《历史视角下的小学数学典型课》一书中，同为本书主编的浙江教育学院的吴卫东教授在谈到这本书和邱老师的时候说道：

邱老师是"5522名师班"女生班长，我是组班教师。因为她工作忙，常要回单位处理工作，当时在那里接触不是很多。后来呢，因为我请她上过一次课，她是教材教法教师嘛。我那次到德国去，我就交代她两件事情，她做得很好。

第一件事情，替我去上函授课，她的理论功底应该是不错的，至少她对这个教材教法体系有个整体的思考。

第二个呢，就是我当时有个想法，因为浙江省"5522"名师班（这个培训是浙江省教育厅名师名校长培养计划中的一个项目，简称"5522名师名校长培养工程"）培训结束了，出来很多成果，我当时想编这么一本书的，不过后来我到德国去了嘛，就把这个任务交给了邱老师来做。

◎"教师们宁愿上很多公开课，去抵一篇论文"

访谈手记

在邱老师的案头，我们无意中发现了一本貌似与小学数学教学无关的书——《小学教育叙事研究案例》，翻开一看，邱老师居然还是主编，这大大出乎我们的意料。一个长期从事小学数学教材教法研究的教师，在来到杭师附小不过一年的时间里，就取得了如此的成绩。不过，想到邱老师的性格和工作作风，我们也就不足为奇了。在这本书里，邱老师通过有效的校本教研，带领教师们立足于踏踏实实的一线教学研究，积累了大量真实鲜活的教育案例，通过不同视角的剖析反思，用自然生动的笔调记录下了一个个真实的故事。

【邱】当初搞这个教育叙事研究，也是因为我本身工作性质的原因。我以前是搞教师培训的嘛，平时会跟许多教师有接触，有的时候也会指导他们写一些论文什么的。那么在这个过程中呢，我就发现，他们对这个写论文啊，很害怕的。他们都说，哎呀不要让我写论文，最好让我开个课，或者我写一篇教案能不能算论文？教师们宁愿上很多很多的课，去抵一篇论文。那么我就想，为什么教师会有这样一种畏难情绪？加上后来我也读了很多教师写的文章，确实写不出什么理论方面的东西。完全就是那种我是怎么做的，我是怎么想的，我有什么体会……他能把一个过程写得很清楚，我这个课是怎么上的，这个孩子发生了怎样的转变，在他身边发生了什么事情，说到这些的时候教师们都是津津乐道，很有东西的。讲故事他们可以讲得很生动，因为毕竟是身临其境的，都是他们身边发生的。但是你一旦叫他再说一说，这个故事后面有什么理论支撑啊，有什么理念在支撑你这么做啊，这种东西就难了，教师们就说不出来了。那么这个时候我就在想，对教师写论文来说，能不能把身边的故事写出来，讲故事的过程中他有一些体会，有一些感悟，这些东西也能促进他今后的工作，这样也是挺好的。

【访】那么您之前就知道叙事研究吗？

【邱】之前呢，在一些期刊杂志上也偶尔看到过。说实话这个东西也不多。20 世纪 90 年代末开始，先是案例分析，真正看到叙事研究这个东西也就是近几年。那个时候我是不知道教育叙事这个研究方法的，我只知道教师们写文章很难。还有教师去报课题、搞科研，报了之后这个过程他不知道怎么弄，到最后要结题了，就到处去找资料。抄来以后拼拼凑凑就算结题了，也没有自己的东西，只能是废纸一堆啊，我看了真的是可惜。时间、精力、经费，都浪费了。比如我不知道你们注意没注意，教师们的论文后面总附着一长串参考书目，也不管看过没看过。然后呢，还不时穿插一些调查、统计、数据之类的定量研究，来表现他这篇文章的科学性和学术性。

【访】对，其实对于广大中小学教师来说，写这样的论文实在是有点勉为其难。

【邱】所以啊，如果你硬要如此，那么教师们只能拼拼凑凑，交差和应付而已。所以我就总觉得，这个东西对教师来说可能不是很适合，然后呢，自己就开始慢慢有一些想法。那么后来看到有教育叙事这样一个东西，哎哟真是好，在教师培训的过程中就专门开了这门课。其实我刚开课自己的功底也不够的，都是边培训教师边自己学。那个时候，我收集了很多的关于教育叙事方面的文章，自己先来读，然后再跟教师一起分享。

在培训中间，我也觉得很有味道的。你一旦让教师讲故事啊，他可以说很多很多有趣的事情，我也收集了很多很多教师写的东西。我就觉得，一旦教师们去写他们身边的故事的时候，他真的就是笔下生辉的，很流畅的，你今天晚上布置作业，他明天就给你完成了，而且越写越有劲。

【访】这本书的案例就是您在教师培训的过程中收集的吧？

【邱】哦，不是的，这本《小学教育叙事研究案例》是后来我去杭师附小当校长之后弄出来的。当时嘛，刚刚去不久，正好学校有一个师德培训活动，内容是让班主任进行经验介绍，讲他怎么管理班级，怎么转变学生不良行为，类似这样的事情。那么教师在介绍经验的时候其实又是在说故事啦，他没什么提炼的，就是把这个事情讲出来，然后他有什么感受。我听了以后觉得这个挺好的，我就想，教师们这么好的材料我们为什么不给他出版出来？我就让他们马上写，把有的材料马上整理出来，然后我就给他们讲怎么进行叙事研究，再把我写的东西给他们看，让他们仿照着写。我又怕自己讲不好，就把杭州师范大学的肖锋博士请来，请他帮我们来做一些理论的指导。2006年的11月份我们就把这本书出版了。

你看这本书里面，这些事情，这些议论，这些感想，其实都是我们教师形成自己个人教育理论的非常有效的方式。教师的身边其实充满着教育故事，有很丰富的叙事研究的素材。虽然现在看来理论上不是很深，但是我想，如果把这本书给一个搞理论研究的人来看，一定是一个很好的素材。

【访】的确是很有意义的一件事情，现在您还带着教师继续做吗？

【邱】还在继续的，尤其现在，我们开设了“亲密接触”课，教师就有许多教育故事可写了。我们杭师附小还在开发校本教师培训课程，其中一个课程是“体验课程”。比如我们教师参与的“亲密接触活动”“寻访杭师附小毕业的名人校友”“与家长的亲密接触活动”等，都是我们学校的“体验课程”内容。教师在活动中体验，在体验中反思，然后将活动的故事描述出来，将自己的感受与思考写出来。这样的一种叙事研究，使我们一线教师真正获得了研究的主体性。他们自己也觉得啊，不再是别人理论的奴隶，也不用再背负别人的思想。他们开始学会用自己的眼光去观察，用自己的头脑去思考，用自己的话语去表达。用肖锋博士的话就是：“教育叙事研究使教育研究从‘理论世界’重新回到‘事实本身’，返回日常生活，克服了理论和实践的脱节，教师即研即用，真正尝到科研的甜头。”

访谈手记

肖锋博士对于这本书有这样的评价：对于这样的教育科研，中小学教师是有苦难言，写理论文章，搞数理统计，并非他们擅长的研究和表达方式，总感觉有诸多不适，与所谓的教育专家比，无疑是“扬短避长”“以卵击石”，总觉得低人一等。教育科研与教育实践严重脱节，相去甚远，教师写的是一套，做的又是另一套，教育科研无法成为改造教育实践的力量，教师尝不到教育科研的甜头。因此，教育科研就无法成为教师的自觉，反而成为教师的负担和心病。而近年来引入国内教育界的叙事研究恰好为中小学教师提供了一种不可多得的研究方法。对于这一点，我们可以从中小学教师对它的欢迎程度，从中小学教师使用起来得心应手的程度，从叙事研究在短短时间内在中小学迅速普及得到证明。说叙事研究是专为中小学教师量身定做的并不为过，从邱老师主编的这本书里，我们就能够真切地感觉到他们那种如鱼得水、相见恨晚的感觉。

第六章
扎根实践

名师风采

——邱向理在给教师们讲课

◎“要么不要要求学生做，做了就得评价与指导”

访谈手记

在访谈过程中，邱老师多次提到自己很喜欢去听课，在邱老师的电脑中，我们看到了大量听课的记录、照片和录像。邱老师说，她总是能够从这些课堂中发现最真实、最有价值的研究问题。课堂实践的养料是取之不尽，用之不竭的。一个扎根课堂教学实践的教育研究者，固然不一定就是一个优秀的研究者，但是，一个脱离了课堂教学实践的教育研究者，则必定是一个糟糕的研究者。

【邱】我呢，很喜欢听课的，因为在课堂里面你总能发现各种有趣的问题，而且关键在于这些问题是真实的，是我们教师实实在在遇到的，也最有研究价值。

比如有一次，有一位教师约我为他去听试教。他是小学数学骨干教师，要在一次比较大型的小学数学教学研讨会上讲公开课。我记得试教的是“异分母分数加减法”，应该是第十册的内容。我仔细地看了一遍，毕竟是骨干教师，教学中有许多成功之处，也有很强的反思能力。但是呢，也不是没有问题，所以等他上完课，我就把这样的一个教学片段重放了一次，跟他一起来看：

……

师：刚才我们已经研究了$\frac{1}{2}+\frac{1}{4}$、$\frac{4}{9}+\frac{1}{3}$、$\frac{1}{2}+\frac{1}{3}$、$1-\frac{5}{6}$等异分母分数的计算方法，你能不能把异分母分数的加减法的方法写出来，让别人看得懂？

生：能！

师：开始写吧！

（学生写了1分20秒时间）

师：好，停笔。先请一位同学说一下，来，这位同学。

生1：先把两个异分母分数通分变成同分母分数，分母不变、分子相加减，如果可以约分，就要约分。

师：还有不同的说法吗？

生2：把异分母分数化成同分母，按同分母分数加减法的计算方法计算。

师：异分母分数我们已经学过了，所以只要按照同分母分数加减法计算，别人就懂了。这样说就更简单。

（下面一个环节是让学生用“$\frac{1}{2}$、$\frac{3}{8}$、$\frac{2}{9}$、$\frac{1}{6}$”中的两个数编加减法题）

这个教学片段共花了2分钟时间。

【访】教师的这一教学设计的意图是什么呢？

【邱】我想他的主要意图是让学生在前面探究具体分数的算法的基础上，用书面语言归纳异分母分数的计算方法。等到看完这个片段，我又建议这位教师看一看学生的课堂练习本，结果发现，有12位学生没有完成，其余的17位学生写的方法我当时都做了统计，分别是这样的：

生1：异分母分数加减法可以通分画图做。

生2：异分母分数加减法，先将分数通分，在（再）加减可约分就约分。

生3：分母先通分，分子再乘或除。如：$\frac{1}{2}+\frac{1}{4}=\frac{2}{4}+\frac{1}{4}=\frac{3}{4}$。

生4：把两个分数的分母通分，把分母的最小公倍数为分母，分子乘以相应的数为分子，能约分的约分。

生5：先把两个分母通分，然后所得的分母为得数的分母，分子相加或相减为得数的分子。$\frac{3}{8}+\frac{1}{6}=\frac{9}{24}+\frac{4}{24}=\frac{13}{24}$。

生6：（1）通分。（2）画图。（3）化成小数。

生7：分母先通分，化成同分母，分子再加减，得数可约分要约分。

生8：先把两个分母通分，得出结果后，两个分母都用最小公倍数，两分子按照分母的倍数，相加，如果能约分就要约分。

生9：（1）可以先通分，再算。（2）可以用画图法来解决。（3）可以化成小数，小数的相加结果再化成分数。

生10：异分母加减法可以用画图、通分等方法计算出它等于多少。

生11：分数先通分，能约分的约分。

生 12：可以通分，可以画图。

生 13：异分母的分数加减法中，两个分母能化成一样的数就化，两个分子也化，然后分母不变，分子相加，得数能约分的约分。

生 14：将分母化成相同的数，在（再）将分子加减，能约分的约分。

生 15：异分母分数加减法可以先通分，分母通分后不变，分子相加，能约分的可以约分。

生 16：先通分。使两个数的分母一样，在（再）相加就可以了。

生 17：异分母加减法：先将分母通分，然后进行加减法，可以约分的就约分。

如：[8，6] =24，

$$\frac{3}{8}+\frac{9}{24}=\frac{9}{24}+\frac{9}{24}=\frac{18}{24}=\frac{3}{4}$$

【访】 看来不仅有很多学生根本来不及写，即使是那些写了的，教师好像也没时间评价，这样一来，里面存在的问题教师也没办法发现。

【邱】 对，当时我也发现了这个问题，所以我就带着这位教师反思。首先，有将近四成的学生根本来不及写，那么，我们下次起码可以做的就是，教师给的时间要长一些。其次，从完成任务的学生的情况看来，他们把自己会做的方法写出来的能力，要比口头表达的能力差。并且，这个教学环节过得很快，没有充分地暴露学生的学习结果，教师也就没办法有针对性地加以指导。所以我就跟这位教师说，要么不要要求学生做，做了就要给足学生完成任务的时间。要么不要要求学生做，做了就得评价与指导。

访谈手记

这个问题说到底，就是我们究竟应该怎么对待学生的学习结果？当一节课完成教学任务的时间来不及时，教师往往会选择舍去教学设计中的某一环节，例如压缩学生的学习活动时间，压缩学习结果的反馈时间，或是压缩对学习结果的评价和指导。教了不反馈或匆忙反馈，教研员经常会把这种现象称为“不到位”“过环节”。邱老师的那句“要么不要要求学生做，做了就得评价与指导。”很真切地表达了对学生教育的一种责任感。学生的思想观念、意图以及努力应当受到认真对待，课堂中对学生学习结果的反馈、评价、指导绝不能流于形式。事实上，用一种合适的方法展示和评价学生的学习结果，不但能及时地纠正学习中的问题，还能培养学生做事认真负责的态度，以饱满和执著的精神处理好学习任务，进而从这个过程和结果中获得新的东西。

【邱】回去以后，我继续想这个事情。比如，我们究竟应该怎样分析与评价学生的学习结果？从课堂教学的设计环节来说，要对学生的学习结果进行分析与评价，必须以最快的速度去捕捉学生的学习情况。例如刚才说到的这位教师的课。在要求学生写异分母分数的计算方法的这一环节里面，教师必须在学生写的同时就开始巡视，边巡视边将出现的问题归类。其实，学生大致有如下几种错误类型：第一类是没有把方法表达清楚；第二类是能表达清楚，但停留在口头语言上；第三类是能表达但不简洁；第四类是有错别字。那么教师有了这样的一个准备，一个预设，再根据课堂的实际巡视的情况，就可以比较快地、以一个适当的方式展示学生的学习结果。这样呢，可以充分地利用学生的作品，组织学生自我评价与纠错。

【访】我们每天习以为常的课堂，经过您这么一分析，里面的学问真就大了。

访谈手记

和一线教师不同，邱老师是搞研究的，但搞研究并不意味着皓首穷经，钻故纸堆，闭目塞听。一名好的研究者其实就像出色的侦探。我们每天来到学校，经历着同样的课堂，可是对身边的世界，或者视而不见，或者熟视无睹。如果福尔摩斯坐在这个课堂里，他的观察一定会和我们不一样。他能在我们熟悉的事物中看出问题，任何细微的变化，哪怕是蛛丝马迹，也逃不出他的眼睛。这种敏锐的直觉和发现问题的能力，是侦探的职业敏感，也是好的研究者必备的第一要素。

◎“20以内进位加法的单元教学我搞了两年”

【邱】开始我是因为受张天孝老师的委托，他要我把这个20以内进位加法的内容研究一下。我研究了两年多的时间，大的思路就是先搞出一个课，然后再写教材。设计课嘛，开始总要激发学生的学习兴趣啊，我很注意在一个情境里去设计问题。那么当时我就考虑，这个是一年级的课，一年级的小孩子他喜欢什么呢？我有机会就看动画片。周日就到新华书店去找小孩子读的图画书。慢慢地就想到了游戏，所以就把引入的情境放在动物园里，设计了一个动物们开运动会。现在的教材里还是在用这个情境，挺好的。另外呢，当时不是还有奥运会第一枚射击比赛金牌嘛，大家都很激动的，我也把它迁移过来，让动物园也搞射击比赛，比赛结束出来一个成绩表，小猫几环，小狗几环，小猴几环，打了两轮，谁得第一呢？

【访】好像后来的很多教材都采用了类似的情境，说明您当初的设计还是很受认可的呀。接下来您是怎么让学生转入到对算法的学习上呢？

【邱】问题出来以后呢，孩子们可能有各种不同的方法。有的是根据直觉，小猫打到一个9，一个3，他觉得9是最大的，那么小猫就是第一，他不管后面的3，非常直观的。有的呢，会比较一下，比如有一个7、一个8，更大一些，那个虽然有9，但是后面有一个3，不一定大，那么这个时候他就会凭着对数字的感觉去判断。还有的呢，就会去计算，把两轮成绩加起来。那么到底谁第一，孩子们就发现，通过计算可以得到精确的答案，这样就引入到20以内进位加法。

接下来就是展开，怎么去计算这个比分呢？这里面又涉及之前我们谈到的“算法多样化”的问题了。因为孩子们有很多种算法的，我们在开始磨课的时候也在讨论，是马上让孩子们去学这个“凑十法”呢，还是先让孩子去试。那个时候“算法多样化”这个说法刚刚提出来。那么我们就想，先“算法多样化”吧，因为孩子嘛，都不是一张白纸进来的，他脑袋里面有很多生活经验、学习经验啊。有的孩子他在幼儿园的时候就会算了，有的是背口诀的，有的是推理算出来的。比如9+6，他先把9看做是10，然后加出来再减掉一个，这样算出来。还有的，他同数相加已经背出来了，那么5+5=10，然后再加4，得出结果，总之孩子们有很多很多的方法。

【访】孩子们计算方法很多，自由发挥，就是“算法多样化”的目的吗？

【邱】我们也想到了这个问题，就是说如果光是让孩子算法多样化，一节课下来，你用这个方法，他用那个方法，汇报下来，大家原来会的还是会，不会的还是不会。说来说去，东说一个西说一个，特别是那些接受能力比较慢的，一节课下来不知道学了什么。那么我们就在想，算法多样化究竟要把握到一个什么程度，最后要不要突出一个学习的重点在里面？开始是放，后面要不要收，要不要集中？开始设计，第一节课放开，第二节再收。还有一种方案，多样化就是一个思路，让孩子知道有很多种方法就好了，不用穷尽所有方法。所以课上就让几个同学说一下就可以了，然后就集中讲“凑十法”。那么试教下来，决定还是第二种方案，一节课里面，先放后收。

【访】嗯，自由之后，教师最后还是要有所“强制”的。

【邱】对，不然教师的作用就体现不出来啦。当初我们在讨论的时候，有教师就举例子，你看我们学电脑打字的时候，有很多选择的，可以是拼音输入的，也可以是五笔输入的。如果用拼音输入法呢，入门很快，但其实它本身的打字速度是比较慢的，哪怕你很熟练了，也还是那样，快不起来的。如果用五笔输入法呢，虽然入门慢一点，但熟练后打字的速度就会非常快。开始呢，我们常常觉得五笔学起来麻烦，所以就用拼音输入法，但是，我们看那些真正的打字员，都是用五笔的。我们有一些同事开始就学五笔，后来我们就发现，他们比我们打字快多了，所以呢，我们有的教师现在再重新学五笔。你想一想，如果当我们知道有多种输入法了，有个人告诉他五笔输入法是最快的，而且一开始就有人“强制”我们学五笔输入法，难道不是一件好事吗？这个其实和教学里面的算法多样化是一样的道理。

访谈手记

对于“有心人”，生活处处有学问。

【邱】在这节课的设计里面啊，后面还有一个问题，就是原来人教版的是分成好几部分的，先学9加几的，再学8加几的、7加几的，这样子好几节课下来的，我们想是分开好呢，还是集中起来一次学好呢。那么我们发现，现在的孩子真的是和以前不一样了，而且“凑十法”对这些都是通用的，所以我们就想，把这些内容放在一起，一节课里让孩子全部接触到，所以我们的教材就是这样尝试出来的。这一点也是和其他教材不一样的，人家是一步一步，小步子走，我们是先放开，让他整体去感知，而后相对分类逐步巩固。

【访】这样大步子教学，孩子学的情况如何？

【邱】开始的时候，有的孩子挺困难的，毕竟，你一节课里面不同的方法都出来了，9 加几、8 加几也出来了，对一部分孩子确实有困难。那么我们就补充练习课，把基础弄扎实，通过练习，深入练习，思考性啊、熟练性啊、拓展性啊，这样子来。那么我们第一年把这个教材弄出来以后，第二年又再来一次，20 以内进位加法的单元教学我搞了两年。

【访】好像您后来的教师培训中经常提到这个案例，教师们从中也受益很多吧？

【邱】不光是教师培训，事实上在研究这部分内容的时候，我就已经把研究和培训结合在一起。比如关于这个 20 以内进位加法的研究，我们当初是专门搞了一个骨干教师培训班的。在这个培训班里面，我们不光进行上面的那些研究，去设计课啊，一遍一遍去磨课啊。我们还给教师培训怎样研究这个内容。比如如何进行调查研究啊。我总觉得呢，这样的一种教师培训非常好，一举多得。

【访】在参与调查研究的过程中，教师们有什么样的收获呢？

【邱】主要就是让教师了解、参与整个研究过程。我们开展了“小学生 20 以内进位加法学习前基础情况”的调查研究。那么，我们就培训如何设计问卷，如何收集数据，如何整理数据，如何撰写调查报告。当时呢，我理论上的那些东西讲完后，大家就去操作，从设计问卷开始啊，让大家出卷，然后我来帮他们评改，改了以后再去测。但是到真正去测的时候，就发生问题了。所以我就感觉，在培训的时候，你可以把所有的理论，所有的做法，所有的步骤讲得很清楚，教师也可以把它们都记住，但是真正操作起来又是一回事情。

是这样的，有一个组的教师在测的时候，男女性别这一个项目他忘了让孩子去填，这样一来就少了一个信息，他的这个小组的试卷就整个都报废了，只能重新去弄。当时嘛有一些学员就很不情愿的，就觉得嘛，这个也不要紧的，我们大致去估计一下，多少男生多少女生，弄几个数据填上去好了。但我对他们讲，这个性别和年龄还有后面答题的情况都是对应的，不能造数据的，这是研究的一种态度。后来教师们也觉得，搞研究确实要抱着实事求是的态度，不能这样马马虎虎地随便弄。通过这样一个过程，他们也知道在调查研究中，包括开始的设计、准备工作，都是需要非常非常认真的。

【访】整整两年研究下来，磨出的课堪称经典了吧。您觉得这节课主要在哪些方面有所突破呢？

【邱】突破嘛，我个人觉得主要体现在三个方面：一个是教学内容的组织，一个是差异教学的实施，还有一个是重视学生“转换”思想方法的形成。

【访】先给我们讲讲教学内容组织方面的创新吧。

【邱】这个就是我们刚才说到的，在第一课时里面，9 加几、8 加几、7 加几、6 加几、5 加几、4 加几、3 加几、2 加几的算式都出现。这样的设计是前所未有的，但我们觉得呢，这样的安排是符合实际的，理由有两个。

第一，20 以内的进位加法的各种类型的算式，计算方法大致相同，不论是 9 加几还是 8 加几等，学生都可以用如下几种方法计算。①用熟悉或已知算式得数，推出相邻的算式的得数；② 用凑十的思想方法，转换成已学过的连加来算；③背口诀。学生一旦发现了方法，各种类型同时出现，并不会增加难度，反而可以让学生在用自己发现的方法，尝试计算各种类型的算式过程中，体会方法的优劣。

第二，从我们的调查结果发现，有 80% 的学生在学习前已经基本会计算 20 以内进位加法了，这些学生的学习重点是学会如何探索多种计算方法，如何交流自己的思路，进一步理解“凑十”的道理，形成“转换”的思想方法，等等。所以呢，总的说来，把 20 以内进位加法的各种类型同时出现，是可行的。

【访】那么差异教学是如何体现的呢？

【邱】我们知道，不同的学生在知识、技能的掌握情况和学习能力上是存在着差异的，我们教师应该重视让所有学生的学习水平在原有的基础上都有所提高，在我们这节课里面主要采取了这样几种措施。

第一，互相影响。因为根据我们之前的调查，还有 20% 的学生在学习这部分内容之前，基本不会计算 20 以内的进位加法。让这些学困生与学优生一起参与发现、交流 9 + 5 = ？的多种方法和抽象概括“凑十法”的学习活动。在活动中，即使学困生的参与能力不强，但在这样的学习环境中，学困生会从学优生的思想中汲取有益的成分。反过来，在这样的环境中，学困生也有暴露思维的机会，让学优生进行分析、判断。这样有利于快、慢生互相影响，共同提高。

第二，分层练习。就是说在巩固练习后，将学生分成两部分进行活动，一部分是计算出错的学生，另一部分是计算全对的学生。学优生不需要陪着学困生做较低层次的练习，可根据自己的能力，选择练习。学困生可得到教师的个别辅导。

第三，思维共享。虽然学困生没有时间和能力去研究较高层次的问题，学困生通过倾听学优生的交流，达到了“思维共享”的目的，拓宽了解题思路。同时，学优生锻炼了表达能力。

【访】最后一个，学生“转换”思想方法的形成，这一块内容的突破体现在哪里呢？

【邱】以往，20以内进位加法的教学重点放在使学生掌握“凑十法”上。因此，在课的引入环节中往往会让学生复习“十加几”“9加几凑成十”“10以内数的分解”等知识，做好学习“凑十法”的铺垫。这样很容易使学生的思维受到约束，造成计算方法的单一。本节课，教师将教学重点放在让学生形成“转换”的思想方法上。因此，让学生尝试用多种方法计算9+5=？在探索多种方法的过程中，体会无论是“凑十法”还是用已知或熟悉的算式的得数推出新算式的得数，都是将新问题转化为能用已学过的知识技能解决的旧问题。从而，促进学生“转换”思想方法的形成，有利于学生思维灵活性、变通性的培养。

◎“每人每天节约一粒米，那么全国有13亿人，一天可以节约的米大约有多少？”

【邱】我们后来的教师培训啊，一个很重要的方法就是磨课。不要小看这个东西，教师们收获非常大的。我们教师进修学校里有好多学员都不是上城区的，有外省的，因为我当班主任嘛，相对了解一些，我记得还有黑龙江过来的教师。你说我们这个培训，既没有证书，又没有文凭，但还是很多人来，就是因为我们办的班实实在在地就是做中学。我们把这个班和张天孝老师编的教材弄在一起，张老师选出一些课，我们和教师一起把它磨出来。

【访】先磨课，后写教材，这和我们一般的做法好像正好反过来，这里面有什么特殊的理由吗？

【邱】张老师编教材呢，总是先弄出一些课来，等课成型了以后，再以课为基础写教材。这样做的好处就是它完全来源于实践，等教师一拿到这个教材，完全可以去实施，而且教材出来以后，教学案例啊，教参啊，辅导啊什么的，一股脑儿就可以拿出来了。当时我们数学组好多教师，就结合这个教材的编写，办骨干教师培训班。我记得是每星期二上午半天，大家集中起来，张老师这样一讲一讲地给他们讲这个教材，我和其他两个教师呢，就是分成三个小组，每个小组负责三节课，就是磨课。

【访】您当时负责的是哪三节课呀？

【邱】我当时负责数据整理、可能性还有大数量的估算。这些都是新的内容，他们认为我是学数学专业的，而且他们年龄也比我大，新的领域应该给我搞。我那个时候才30多岁，当时我带了十来个人，听完张天孝的理论课，就来磨这三节课。一起备课，大家坐拢来一起修改，等基本上可以形成一个课了，我们再去试教。试下来以后发现有问题，那么再去修改，就这样一次又一次，一次又一次，很辛苦的。

【访】三节课都是由您去上吗？

【邱】我是带着教师们磨课，具体有施教的教师。我记得当时是徐伟荣老师上的“大数量估算”。开始呢，要想一个引入的东西，我们就想到孩子们在吃饭的时候有浪费现象，于是就决定从这里入手，弄一个“广而告之”：你每天节约一粒米，那么全国有13亿人，一天可以节约的米大约有多少？因为小孩子对这个13亿是没有概念的，而且这个概念是可以用很多方式来表述的，比如有几吨，堆起来有多高。我们就想，这个例子挺好的，既有教育意义，又和小孩子的生活联系，所以就决定以“13亿粒米的估算”为主题。这个问题一出来，那么怎么去估呢，又是一个新的问题。于是我们就提供天平秤啦，小的盒子啦，一立方厘米的盒子，一立方分米的盒子，很多工具的，让孩子们自己去想，你怎么去解决这个问题。

【访】这对孩子来说应该是一个比较综合的问题了，他们能胜任吗？

【邱】这的确需要一种综合能力，我们试教的时候就发现，有的人，看着天平秤放在那里，就是不会用。四年级的孩子嘛，虽然也在科学课上接触过，但是动手能力还是不行的。所以第一次教下来，我们脑子里把这堂课想得挺好的，但是其实上不下来。孩子们确实能想到怎么做，但是等交流完了以后，想再去动手的时候已经下课了。

我们磨课的时候经常出现这样的问题，预设的挺好的，真正去上的时候实施不下去，那么就拿回来再修改。我们也想到，先去做些铺垫。比如天平秤，我们让学生先在科学课上接触，还有一些比较复杂的计算，我们先让孩子练习这些技能。做了这样的准备之后再去试教的时候，大家的动作就比较快了，基本上计划的事情都可以做下来了。但是呢，下面的计算、换算又来不及了，而且这些都是要用到计算器的，因为数量太大了，所以就觉得，这堂课特别难，碰到了很多难题。

【访】总共试教了多少次呀？

【邱】都已经记不清啦，反正我记得当时徐老师上这节课，一个学校上完了，换一个学校。那么多的东西，学具啊什么的，还有大米啊，天平啊，都是带着走。他当时就骑着三轮车，骑来骑去，带着一车的学具，整个区里跑。最后我们区的学校用完了，换一个区再去上。

在这样一个磨的过程中，我们把这节课的目标慢慢清晰，重点讲哪些问题，教学目标是什么，最后还是很成功的。教师们在这个过程中，对课堂的把握也是提高很快的，我们那个时候的培训就是这样做中学。等到这节课弄完，我们觉得成型了，就会把张天孝老师请来，让他来听课，他点头了，就叫我们去把它弄成教材的样子，然后他再来修改。1999 年又办了一个对全国招生的培训班，还是针对这 9 节课，继续磨。当年 11 月份，我们开了一次全国性的研讨会，关于新课改的，主要内容就是开课，评课，这次大会让我觉得高兴的就是，我带着磨的 3 节课，都非常精彩。特别是那个徐卫国老师，上完之后，大家真的是情不自禁地鼓掌，后来这些内容都发表在 2001 年的《小学数学》上，这样的 9 堂课，可以说是走在全国教改的前列，我们也是蛮自豪的。

◎“热热闹闹地，就是数学味太少了”

【邱】我们磨课的过程非常有意思的，我记得还有一次，是研究儿童公园里的数学问题。这是三年级的内容，一般是等学生学完两步计算、三步计算以后的一个综合应用课。我们当初是设计了这样一个情境，就是让学生到儿童公园，看那些游玩的项目，还有价钱。设计这样一个情境呢，让孩子拿着钱，去买票，怎么买，需要多少钱。当时嘛，我们觉得这个挺简单的，因为你看，这个问题是儿童熟悉的，也是他们很喜欢的，并且在这个过程中，他也可以去计算，去选择这些项目的搭配啊什么的，总之挺容易设计的。

【访】听您的口气，一定是试教的时候才发现有问题。

【邱】对，我们开始没想太多，第一次设计出来以后，就请了张天孝老师来听课。那么整个一节课下来，孩子们确实非常感兴趣。哎呀，给他多少钱啊，去玩什么啊，我要玩这个，我要玩那个，很多很多的方案都设计出来了。碰碰车啦，过山车啦，一项一项，选择自己喜欢的，当时情绪真是非常高涨，非常热闹，因为他好像身临其境，真的去玩了一样。

但是上下来以后，我们自己首先就开始疑惑了，这个到底是不是数学课啦？好像是一个什么活动课，反正不像数学课了，计算也很简单的，也没有两步、三步计算的必要性。总之就是感觉，热热闹闹的，就是数学味太少了。当时张天孝老师也说，这样的课不行的，这样的课没有数学味，我们到底要上什么，要达到什么目标？

【访】张老师看问题，真的非常深刻的啊。

【邱】那么回来我们就重新设计，把里面的一个环节换了一下。本来是孩子给自己选择喜欢的项目，第二次设计呢，分成两个环节。先是让他拿20块钱，让他去选择，然后让他为同伴去选择，计算一下。结果发现，学生立刻没劲了，因为是替别人选择，不是他自己喜欢的，就不像第一节课那样，很开心啊，很激动啊，那种情绪就没有了，整个一节课突然就闷下来了。

【访】看来有时一个小小的改变，课堂的氛围就会完全两样。

【邱】不光是课堂氛围的问题，通过两次试教我们也发现，学生列出的很多算式其实是很单调的。很少能列成两步、三步的，或者带括号的。这样一来课堂里面出现的知识点非常单调，所以对两步、三步计算的综合应用方面还是达不到目标。

那么我们再去修改，先是调整一些数据，就是调整一些玩的项目和一些项目的价格，促使他去用到两步、三步计算，列出一些我们需要的。然后我们就进行第三次的试教，先用20块钱，学生自己选，这个嘛比较简单，等于是做一个铺垫，而且调动他的兴趣。然后呢，就是钱数不规定了，把项目给你，这些项目可能搭配的情况我们都事先思考过的，都是有可能把我们需要的一些式子列出来的，这样一些情况，让他去选择。

【访】这样就好多了，但小孩子会不会列出的都是类似的算式呢？

【邱】这个问题我们当时也考虑到了。因为前面两节课都是玩啊，玩啊，算式列出来就停在这里了，有可能这个小孩子列出来的全是同一类的算式。所以设计了第三个环节，让学生通过交流汇报，使不同类型的算式都列出来。

然后教师再给他一些练习题，保证各方面的算式都出现。这个时候再给他练习、总结、提炼。那么这样整个环节就比较清楚了，需要的知识点也出来了，整个课还是不错的，数学味也有了，数学问题生活化也有了，生活问题数学化也有了。

【访】对，这时候就不简单地是一个生活问题了，而是抽象出来成了一个数学问题了。

【邱】我记得弗赖登塔尔经常说的就是，我们学数学学什么，就是学它的数学化。那么数学化里面有两个层次，第一个就是怎么把生活问题转成数学问题，第二个就是把已经有的数学问题怎么去抽象概括提升，这也是一个数学化的问题。那么在这节课里，我觉得我们两个层次都实现了。所以说编教材啊，编练习啊，不是说我们生活中拣来的问题就能直接拿来的，教材的内容是要结合知识点的，从生活中的东西变成教材，需要做大量的思考工作。

◎“我们研究出来的东西教师马上就可以操作”

【邱】我还做过一个研究，说起来非常细小的，就是教师怎么向孩子呈现材料。比如在低年级段，一年级的学生，他识字还不多，教师往往帮学生念题，否则你怎么去呈现一个问题或者说交待任务呢。我是不赞成每一次都由教师来念题目，好像把这个食物全部嚼烂了喂给你。我让教师先出示题目，让学生看一会。然后问学生：“看懂了吗?”如果学生有问题的话，我们就把几个关键的或者学生不认识的词拿出来，专门给学生念一下，之后再问：“你有没有懂这个意思?”等把这些关键的词弄清楚以后，最后问：“请你说说这个题目要我们干什么?”

【访】您觉得设计这样呈现问题的好处在哪里呢?

【邱】这样做有一个好处，就是学生不会等待了，他必须自己去看这个问题，否则的话，他觉得每一次都是教师拿出来给我念，慢慢地他就会养成一种依赖。如果教师不念题，我就不看了，这样不好，很有惰性的。

到了二年级，和一年级还是相仿的，但是我们会叫学生自己先连起来读一读，读到哪个词不行了，卡住了，教师再来给他讲。教师要去问：

“你说这个题意思是什么?”

“问题是什么?”“你说这个题要我们做什么?”

总之，要教学生先去审题，审任务，等这些都弄清楚了再动手。

【访】 嗯，年级不同了，办法自然也有所变化。那么再往后的年级呢？

【邱】 等到了三四年级的时候，我基本上打出来不说话了。让他们开始学习默读问题，不像一二年级的时候，要求他大声念出来，现在我要让他不念了。这个默读啊，和发声的读又不一样。学生看完以后，有问题举手，就不是教师问了。到了五六年级的时候，完全可以放手让学生自己审题了。

访谈手记

邱老师对于儿童“默读”能力的重视和培养，不是没有道理的。学生如果没有学会迅速地阅读、感知和理解文字，就谈不上顺利地学习。因此在小学里，我们要教会所有的儿童这样阅读：在阅读的同时能够思考，在思考的同时能够阅读。当阅读能达到这样一种自动化的程度，即用视觉和意识来感知所读材料的能力要大大地超过“出声地读”的能力的时候，学生在阅读时进行思考的能力就会非常精细，而这一点，正是顺利地学习和整个智力发展的极其重要的条件。

【邱】 所以说，不同的阶段里面，我们任务的呈现都要有不同的培养目标，这也是值得研究的一个东西。这些都是培养孩子学习习惯和能力的，我其实很喜欢研究一些小的东西，这些对于教师来说，特别是新教师，研究出来告诉他，他马上可以去用，就非常好了。我们教研员和那种理论研究者不一样，我们研究出来的东西教师马上就可以操作。

我还专门研究过在小学低年级如何进行数学复习课的教学，问题也不大，但对教师其实非常有用，他拿来就可以用。这里面我主要就研究三个问题：第一，低年级学生数学复习课的教学目标如何定位？第二，低年级学生数学复习课的教学难点是什么？第三，低年级学生数学复习课的教学设计要注意什么？

【访】 您为什么会想到研究复习课呢？

【邱】 我始终觉得，复习课是一种必不可少的课堂教学模式，因为复习课要达到复习巩固，并且进一步深化所学知识的目的。我们的教师往往不太重视，但其实复习课上好了，可以对已学过的内容进行充分的综合、归类、转化和辨别，深入挖掘知识的内在联系，把所学的知识融会贯通起来，使学生对知识的掌握更加准确，进而提高运用语言的能力。

我回顾与整理课的教学功能至少有如下几个方面。

1. 回忆与整理所学的知识，并将知识串成线连成篇，形成一个知识结构。

2. 发现自己学习中的薄弱点与遗漏点。即查漏补缺，夯实基础。

3. 沟通各部分知识之间的联系，提高分析、综合、概括、判断、推理、联系等思维能力。

4. 拓展知识应用的广度与深度，提高综合应用能力。

5. 经历回顾整理、反思评价过程，提高自主学习能力。

【访】那么您觉得低年级学生数学复习课的教学难点主要是什么呢？

【邱】一个主要的原因就是教师不愿放手尝试，不愿尝试让孩子自主复习。当然，教师也有他的难处，比如他会觉得，学生年龄小，认字不多，怎样能够去整理知识呢？那么我就给他们讲低年级学生数学复习课的教学过程要注意些什么，比如情境的设置、方法的选择、习惯的培养以及感受到复习的快乐——将书读薄。我一直很注意跟教师讲，学习习惯与能力的培养一样要从低年级开始，要相信学生是有潜力的，比如一二年级教会他们整理与出卷，三四年级会研究复习题，到了五六年级会上复习课，都是可能的。

【访】您刚才讲的“学生出卷”比较有意思，给我们具体解释一下好吗？

【邱】关于让学生出卷呢，我们都知道，改变学生的学习方式是新课改的重要任务，而改变学生的学习方式的核心就在于“自主、合作、探究”。我当时研究复习课如何体现这一点的时候，就是选取了这么一个很小的切口去研究——以出卷活动为载体，让学生自主整理知识、沟通知识、查漏补缺。不但取到了复习的作用，而且为学生学会学习、提高学习能力创设了条件。我们的教材本身是包含了各个部分之间的有机联系，通过让学生自己复习，去体会这种联系和统一，使得整个数学内容显得线条清晰、结构简洁，那么学生就有可能体会到华罗庚所提倡的学习数学“由厚而薄”的绝妙境界。

后来，关于复习课这部分的内容我还专门写成文章的，你们可以看一看：

复习课教学应重视培养学生研究性学习能力

——谈《100以内进位加法和退位减法》单元复习教学

邱向理 张天孝

九年义务教育全日制小学《数学教学大纲》（试用修订版）指出：教学中要“重视培养学生的创新意识和实践能力”。因此，教学的着眼点在于改变学生的学习方式，培养学生研究性学习的能力。研究性学习的建构主义学习模式，重心在于通过研究性学习，使学生自主地建构和完整自己的认知结构。它重视学生在知识的内化过程中探索研究的作用，重视教学过程中有关问题情境的创设，重视知识结构的更新。在课堂教学中如何组织、指导学生进行研究性学习，尤其是复习课教学，教师们更加感到困难。本文试以“100以内进位加法和退位减法”单元复习教学为例，谈谈复习课教学需重视的问题。

一、学生经历复习材料的获取和处理过程

复习材料不是教师简单地给出，而是让学生经历复习材料的获取、处理过程，一方面，使学生学会收集信息和创造性地处理信息的能力；另一方面，让学生感到复习的内容是自己给出的，研究的问题是自己提出的，让学生承担起学习的责任，有利于学生主体地位的确认和学习积极性的调动。

如100以内的进位加法和退位减法复习的材料需要100以内的两位数加一位数和两位数加两位数的进位加法算式。我们可以用多种方法引导学生获取复习材料。

1. 教师设计学生熟悉的、生动活泼的情境，让学生在情境中提出数学问题，列出100以内两位数加一位数和两位数加两位数的（进位或不进位）加法算式。如，在玩具店里，买两种不同的玩具，有哪些买法？每一种买法要多少元钱？

2. 让学生自己说一个比50大但比100小的数，把这个数作为和，列出两数相加的加法算式。

3. 在2，4，5，6，8，9六个数字中，挑选四个组成两位数加两位数的加法算式。

4. 通过数数游戏，列出100以内的加法或减法算式。如37往前数9个数是几？列式：$37-9$，往后数14个数是几？列式：$37+14$。

5. 通过课前调查实践活动，获得数据，然后提出数学问题，列出100以内的两位数加一位数或两位数加两位数的加法算式，等等。

在写出100以内加法算式的基础上，让学生尝试整理分类、将算式填进相应的圈内的活动过程中，自主地建构和完善100以内的加法知识链。

如：两位数加一位数与两位数加两位数的算式或进位加法和不进位加法的算式的分类。

接着，通过改编加法算式为减法算式的活动，让学生自主地建构和完善100以内减法知识链。

二、让学生经历多种方法的交流和优化过程

熟练运算技能是复习课的任务之一，"熟练"可以通过重复、反复训练来实现。要培养学生研究性的学习能力，我们就应留给学生交流多种方法、优化方法的空间，让学生在发现了最优方法的前提下，通过反复训练达到运算技能"熟练"的程度。如：

以 $38+26=64$ 为例，首先让学生交流多种方法：

1. 口算方法有

①先算 $38+20=58$，再算 $58+6=64$。

②先算 $38+30=68$，再算 $68-4=64$。

③先算 $40+26=66$，再算 $66-2=64$。

④先算 $30+26=56$，再算 $56+8=64$。

⑤先算 $30+20=50$，再算 $8+6=14$，最后算 $50+14=64$。

⑥先算 $8+6=14$，再算 $30+20+14=64$。

2. 笔算

$$\begin{array}{r} 3\ 8 \\ +\ 2\ 6 \\ \hline 6\ 4 \end{array}$$

然后，让学生通过互相评价、自我评价，发现"能口算的尽量口算""一个加数凑整的方法较方便"。在此基础上，让学生用喜欢的方法计算自己所列的算式的得数。从而熟练100以内的两位数加两位数的进位加法。

三、重视学生运算技能从"熟"到"活"的转变过程

运算技能是运用运算法则，经过多次合理练习而形成的心智活动方式。衡量运算技能的水平主要看其准确、迅速、灵活和熟练程度。"熟练"即思考和运算达到自动化程度，它可以通过重复和反复训练实现。"灵活"则需要信息的重组和转化。如：我们复习100以内进位加法和退位减法时，可以通过反复训练，使学生熟练地应用笔算法则进行竖式计算。同时要重视培养学生的创新意识和创新思维能力。在复习课的教学中，应重视学生的运算技能从“熟”转向“活”的过程。我们可以作如下几个层次的训练。

第一层次，针对学生“满十进一”“个位不够减十位退一作十”这一薄弱环节进行练习。

如：在□内填数。

(1)

$$\begin{array}{r} 3\ 7 \\ +\ 2\ 7 \\ \hline \square\ 4 \end{array} \qquad \begin{array}{r} 6\ 4 \\ -\ 3\ 7 \\ \hline \square\ 7 \end{array}$$

(2)

$$\begin{array}{r} \square\ 7 \\ +\ 2\ \square \\ \hline \square\ 4 \end{array} \qquad \begin{array}{r} \square\ 4 \\ -\ 3\ \square \\ \hline 2\ 7 \end{array}$$

第二层次，让学生从单一的运用进位加法、退位减法法则，逐渐转向能根据“满十进一”“十位退一作十”的原理，思考加数个位与和的个位的变化情况。

如：□里填哪些是进位加法？填哪些是退位减法？

$$\begin{array}{r} 2\ \square \\ +\ 5\ 7 \\ \hline 8\ \square \end{array} \qquad \begin{array}{r} 3\ 4 \\ -\ 2\ \square \\ \hline 6\ \square \end{array} \qquad \begin{array}{r} 7\ \square \\ -\ 4\ \square \\ \hline 2\ \square \end{array} \qquad \begin{array}{r} 3\ \square \\ -\ 2\ 3 \\ \hline \square \end{array}$$

第三层次，根据和不变的条件，从“进位与不进位”的角度，有序地思考两个加数的变化情况。

如：填□中的数，有几种不同的填法？说说你是怎样思考的。

$$\begin{array}{r} \square\ \square \\ +\ \square\ \square \\ \hline 6\ 4 \end{array}$$

四、重视让学生暴露真实思维过程，在此基础上引导学生得出知识之间的联系

美国认知教育心理学家奥苏贝尔写道：如果我不得不将教育心理学还原为一条原理的话，我将会说，影响学习的最重要因素是学生已经知道了什么，我们应当根据学生原有的知识状况去进行教学。在复习课教学时，我们应由“重视教学生怎样沟通知识之间的联系”转向“重视让学生暴露真实思维过程，在此基础上引导学生得出知识之间的联系”。如：在100以内的进位加法和退位减法时，我们可以通过学生在自己列出的所有加法算式中选择算式改编如下算式，并尝试解答，在编题和解答的过程中，体会加法与减法之间的关系、和不变时两个加数之间的关系。

(1) $\square+38=64$　　(2) $38+\square=64$

(3) $38+\square=40+24$　　(4) $38+26=\square-26$

如学生在解答第（3）题时，一般有两种不同的思路。第一种思路：因为38加□的和为64（即40+24），所以□=26（即64－38）。教师抓住这种思路，组织学生交流、评价。让学生在尝试解答、交流评价的过程中体会加法与减法之间的关系。第二种思路：根据等号两边的和相等，观察等号两边加数的变化情况，得出□=26。教师抓住这种思路，组织学生交流评价。让学生在尝试解答、交流评价的过程中体会和不变时两个加数之间的关系。

五、重视让学生尝试“课题研究”

在复习教学中，我们可以以“课题研究”的形式，让学生尝试相关知识的综合运用。培养学生信息收集和处理能力，培养合作精神，培养科学态度和科学道德、培养对社会的责任感。让学生在自主参与、积极参与类似于科学探索的活动中，获得体验，逐步形成一种日常学习与生活中喜爱质疑、乐于探究、努力求知的心理倾向。在100以内的加法和减法的复习教学时，可提供一些“课题”，让学生选择研究，可以独立完成，可以学生合作完成。如：

1. 研究消费问题，如：请调查家中近两个月的各项开支情况，说说你想到哪些数学问题？

2. 研究交通问题，如：请调查自己上学时坐的公共汽车，最多能坐多少人，一路上乘客上下车的情况。说说你想到了什么数学问题？

3. 研究下列数表的规律。

7	9	11	13	15
14	18	22	26	30
28	36	44	52	60
56	72	88	104	120

【访】听说您还专门研究过“观念偷换”的教学，给我们讲讲好吗？

【邱】这件事情的起因呢，是有一次我对100名数学教师进行问卷调查，其中一个问题是：“你认为小学数学课堂教学应以（　）为中心。选项是：A. 以教师的教；B. 以学生的学；C. 以教材的内容；D. 其他”。

调查下来呢，100%的教师选择了B，看上去教师已认同了“课堂教学以学生的学为中心”这一现代教学观念。但是，我通过分析100节随堂听课的详细记录，发现其实有89%的教师在课堂教学中不同程度地表现出“偷换教学观念”现象。

【访】您怎么判断他“偷换观念”了呢?

【邱】我大致总结了七类现象，一个一个举例子给你听，你就明白了。

第一种现象是：教师努力为学生提供“迁移”的背景，但又不自觉地控制学生的“迁移”。比如你看下面这样一个教学片段。

一年级二册　两位数加两位数进位加法

1. 复习两位数加一位数进位加法口算方法（8 小题）和笔算方法（26 + 7 =　58 + 4 =　）

2. 展开

教师将 26 + 7 改成 26 + 17 问：你能用上面方法计算吗?

生 1：因为 26 + 7 = 33，33 + 10 = 43，所以 26 + 17 = 43（学生将已学过的两位数加一位数的进位加法和两位数加整十数的方法解决了两位数加两位数的问题。将口算的方法作迁移）。

师：（无任何表情）

生 2：我是这样想的，因为 7 + 6 等于 13，个位满 10 向十位进 1，写 3 记 1，2 + 1 再加 1 等于 4，所以

$$\begin{array}{r} 2\ 6 \\ +\ 1\ 7 \\ \hline 4\ 3 \end{array}$$

（将笔算的法则作迁移）

师：表扬（全班鼓掌三下）

……

【访】这位教师并没有理睬第一位学生的发言，只是按照自己的预设进行教学而已嘛。

【邱】对，这位教师的意图是让学生熟练两位数加一位数的进位加法，激活已有的知识结构中与新学知识有关联的知识，他选择了笔算两位数加一位数的进位加法则作为新旧知识的关联结点。但是，教师只希望出现学生 2 那样的迁移，因此，教师对学生 1 的回答十分冷漠。从这里我们不难发现，教师在设计教案时虽然考虑到了“以学生的学为中心”，为学生提供迁移的条件，让学生主动组建知识结构，但在实施教学方案时，其实还是以教师的教为中心，不希望学生有教师设计的方案以外的意见。我想这样久而久之，会使学生养成看教师脸色、暗示的动作等来回答和判断问题的习惯。学生自主

学习、创新学习能力的培养只能成为纸上谈兵。如果在这节课中，教师首先肯定生1的方法，然后引导问“还有不同的方法吗?”效果就完全不同了。

访谈手记

认知结构观点的迁移理论认为，学生的认知结构是有意义学习中最关键的因素，而一切有意义学习都包含迁移。我们的许多教师在进行新课以前努力为学生设计“迁移”的背景，提供“迁移”的条件，但是教师又只希望学生沿着教师预先所设计的“迁移”路线走，如有越轨，都会以“沉默”“不理睬”“暗示”等方法加以控制。邱老师给我们举的这个例子在日常的课堂中是常见的。真正“以学生的学”为中心的教学，应该充分注意各个学生在认识上的特殊性。同一个数学内容的学习，不同的个体也完全可能由于知识背景和思维方法等差异而具有不同的思维过程。我们不应该过分强调思维活动的规范性或统一性，应提倡思想的开放性、创造性，鼓励学生根据自己的已有知识经验主动去获取新知识或新技能。

【访】第二种现象是什么呢?

【邱】我总结第二种现象就是：教师重视为学生提供操作的条件但又不自觉地控制学生的操作和思维。我们在听课的时候经常会看到数学教师像体育教师一样，指挥学生的操作，使学生的操作“步调一致”。这样子其实很不利于学生的思维发展，更不利于学生创新精神的培养。比如你看下面这样一个教学片段。

一年级一册　8 的分解组成

师：拿出学具袋中的▲片，左边放1个，右边放几个能组成8个?

生：(摆，并回答) 右边放7个▲

师：板演。	左	右	8	
	▲	▲▲▲▲▲▲▲	1	7

师：左边放7个，右边放几个组成8?

生：(摆，并回答) 右边放1个▲。

师：板演。	▲▲▲▲▲▲▲	▲	7	1

师：左边放2个，右边放几个组成8?

生：（摆，并回答）右边放6个。

师：板演。　　　　▲▲　　▲▲▲▲▲▲　2　6

……

这样的操作，从形式上看，学生个个动手，人人参与，学生拿学具，摆学具的动作几乎一致，课堂纪律十分好。但学生毫无选择的余地，教师说左边放几个大家统一左边放几个。学生的思维也显得单调和机械，毫无创造的机会。

【访】如果小孩子自己分，肯定不会整齐划一的。

【邱】所以我又在同年级的另一个班上做了试验，我当时是这样要求的，“如果请你把8个▲分成两堆，你会怎么分？”学生独立思考后七嘴八舌地问开了：（1）两堆各放几个▲？（2）可以有不同的分法吗？（3）一共有几种不同的分法呢？学生边思考边操作，操作方法各式各样，教师将学生的不同的分法展示出来，然后引导学生有序地思考和操作。两个班同样采用了操作的方法，但前者是以教师的教为中心，后者是以学生的学为中心的。

访谈手记

荷兰数学教育家弗赖登塔尔曾提出：学生的数学学习过程是“有指导的再创造”过程。“指导再创造意味着在创造的自由性和指导的约束性之间，以及在学生取得自己的乐趣和满足教师的要求之间达到一种微妙的平衡。”（弗赖登塔．数学教育再探——在中国的讲学［M］．刘意竹，等，译．上海：上海教育出版社，1993：67）学生可以创造一些对他来说是新的，而对指导者是熟知的东西。如果学生是被指导着去创造一切，会更容易学会、记住和迁移这些有价值的知识和能力，而如果是被强迫做的，那就不同了。

【访】还有什么有趣的现象吗？

【邱】还有，比如：教师十分希望学生在课堂上积极发言，但又不自觉地轻易否定学生的意见。我们的教师啊，在设计教案的时候，总喜欢精心设计课堂提问，而且采用表扬、鼓掌、奖励等各种办法，鼓励学生大胆发表自己的意见，以体现课堂教学以学生的学为中心的教学观念。但是另一方面呢，又怕学生“扯远”“打岔”，所以当学生一出现不在教案范围的意见时，就会不自觉地否定学生的意见。你再来看下面这样一个案例。

二年级三册　多位数退位减法

1. 复习

（两位学生板演）计算。

$$\begin{array}{r} 6500 \\ -\ 3700 \\ \hline 2800 \end{array} \qquad \begin{array}{r} 82 \\ -\ 28 \\ \hline 54 \end{array}$$

2. 展开

教师边说边板演：把这两道题合成一道题：$\begin{array}{r} 6582 \\ -\ 3728 \\ \hline \end{array}$ 你会算吗？

生1：$\begin{array}{r} 6582 \\ -\ 3728 \\ \hline 2854 \end{array}$（很快将得数从高位到低位写出来）

师：你们有意见吗？

生2：他做得不对，他从高位算起，笔算是从低位算起的。

师：很好。

……

那么下课以后，我找到了学生1，我就问他：“刚才这题目你是怎么算的？”那个学生回答我说：“我没算，因为老师可以把两道题合起来为一道题，我就想到把两题的答数合起来。”然后我就问：“你认为自己的方法对吗？”他回答说：“结果是对的但方法不对。”接下去我再问：“你能告诉我为什么吗？”学生摇摇头就答不出来了。

事实上，这位学生其实采用了类比推理的方法，他认为教师可以把两道题凑成一题，那我可以将两题的结果凑在一起作为结果。学生的这种联想带有创新意识，如果教师这时先请学生用加法验证自己的结果是否正确，然后请他说说“怎么想的”，就会发现学生的真实思维过程。我们可以首先肯定这也是一种计算方法，再用这种方法计算一下，然后将这种方法与用笔算法则计算的方法加以比较，让学生真正体会到方便。这时，学生就会十分自觉地选择自己认为方便的方法。但是，这位教师只是希望学生用两位数减两位数的法则进行计算，因此首先考虑到的是自己应该怎么按照准备好的教案顺利地教下去，而不是把注意力放到如何发现学生在学习过程中所发生的一切。我们的教师很少注意到学生对题材内容的个别理解方式，而是将班组看做一个整体，教师在提问的时候，十分希望学生的回答停留在教师预先估计的范围，学生慢慢也就会琢磨着怎么回答能得到教师的肯定。

那么我的建议就是，教师应发挥组织者的作用，像一个乐队指挥一样，协调学生的各种建议。学生出现不同意见会使他们对问题更为仔细的分析。教师应引导学生对各种建议进行分析、选择，而不是对学生的意见简单地否定，把学生引向事先确定的解法。教师应注意倾听学生的意见，认为没有理由推翻学生的建议时，不妨先接受学生的建议去尝试一下，当感到此路不通时，再尝试想其他途径。一旦尝试成功，立即引导学生考虑能否提供不同的更好的方法，应尽可能地引导学生找不同解法。

【访】第四种现象是什么呢？

【邱】教师重视训练学习的数学语言但又不自觉地限制学生的语言。我在听课时常看到这样的情境：教师采用简单的师生对话，急切地帮助学生归纳出教案上早已写好的成人化的定义、结论、法则等，板演在黑板上，让学生用同一种声音同一种语言叙述同一个内容，却不能把重点放在如何让学生使用数学语言在获得方法的过程中交流。

我曾经做过一个小实验，请双休日少儿乐园班的43位六年级学生将右图的内容写下来告诉另外的学生，另外的学生呢，是看不到这幅图的，只能根据你写的内容把图做出来。结果75%的学生不能完整地叙述。你要知道，在少儿班学习的学生一般都是学习成绩较优秀的，但是，他们用数学书面语言交流的能力是不理想的。

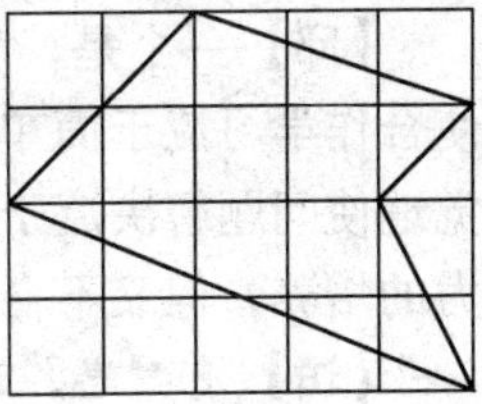

后来我还做过另一个小实验，在六年级一个班听课后任选10名学生，让他们用数学语言描述一下教室里的投影仪放的位置。结果10名学生均没有用数学的语言口头表达投影仪的位置。

从这里面我就反思，我们应该提倡学生通过用自己的语言解释数学现象来训练数学语言，而不是用教师设计好的语言来替代学生的语言，让学生之间、师生之间开展名副其实的交流，通过思考和交流，有目的、有意义地建构属于他们自己的数学观点，获得富有成效的学习体会。

访谈手记

教育语言家 Michael stubbs 主张，无论培养何种交流能力，口头的或书面的都要符合一条基本的原则，即讲、听、写、读都应有一点真正的交流目的。数学交流即通过听觉、视觉、触觉（多用游戏的方式）来接受他人的数学思想，进而将自己的数学思想用动作的、直观的形式或数学语言的形式表达出来。交流可以帮助儿童理解直觉的观念与抽象的数学语言、符号之间的联系。我们提倡“对某个数学问题进行有目的的交流”，不但要重视训练学生口头数学语言，还要重视书面数学语言的训练，使口头数学语言和书面数学语言都获得交流能力。如果学生想要进行数学交流，并且经常地应用数学，就可以把数学作为一种语言。在交流过程中，学生之间的相互影响有助于构建知识，学习他人思考问题的方法，提高自己的思维水平。当教师提出要探索的问题，并要求学生解释他们的想法时，实际上就推进了交流的过程。

【访】最后三种现象呢？

【邱】一个是，教师越来越重视学生合作学习能力的培养，但又不自觉地使合作学习流于简单化。还有一个就是，教师开始重视问题解决，但又不自觉地使问题解决流于形式。最后一个就是，教师越来越重视学生自主学习能力的培养，但又不自觉地占有学生学习的时间。

【访】有意思，这些都是教师的“不自觉”之举啊，同样给我们举些例子吧。

【邱】比如在合作学习方面，我们经常看到教师因为担心完不成教学计划，合作学习的时间把握不好，往往时间过短，学生心不静，钻不深。还有比如合作学习的任务不明，虽然形式上是合作小组，但学生各做各的，并不合作。合作人数不宜，分组不能根据合作内容、学生的学习特点安排小组人数，使组内出现旁观者。再比如合作内容选择不当，事实上有些学习内容更适宜让学生独立思考。不能以合作小组的形式反馈合作情况，不能创设一种只有通过小组成功，才能展现小组内每一成员为成功所作的贡献的情境；不能创设一种小组成员彼此关心、希望每个人都能成功的气氛，使学习小组形成凝聚力。因此就造成了一些合作学习流于形式。

访谈手记

合作学习是体现课堂教学以学生的学为中心的一种非常有效的学习形式。因为合作学习能提高学生的参与程度，使学生掌握必要的社会交往技能，增强团体成员之间的凝聚力，最大程度的开发学习的潜能，使不同程度的学生适得其所，各尽其能，得到最大程度的发展等。但是，有的合作学习，就不能很好地体现合作学习的优越性，因为，教师仅仅将合作学习作为一种新的教法引入课堂，并没有将合作学习看做是学生的学习形式。

【邱】对于问题解决呢，我们在教学中常常发现这样的现象：由教师简单给出问题，通过各种方法施加压力以使学生“被动地”为教师而工作，学生不能感到相应的学习活动是有意义的。比如你看下面这样一个案例。

教师出示问题：你能用 3、8、5 填算式吗？看哪位小朋友聪明能干，做得又对又快。

□＋□＝□

□＋□＝□

□－□＝□

□－□＝□

一位女生哭了起来。教师走到她面前轻声问她为什么哭，她委屈地说：“老师为什么又要我们做这种题目，太没意思了，我不要做。”

【访】这位学生丝毫没有体验到教师所谓的“挑战性”，只是觉得“无趣”，这确实值得反思啊。

【邱】对，“问题解决”其实应当被看成是一种创造性的活动，因为它需要综合地、创造性地应用所学的知识、方法去解决常规的问题，学会数学地思维。所以我经常给教师们讲，在问题解决中一定要真正体现以学生为主体，使学生感到所面临的确实是他们自己的问题，并主动承担解决问题的责任，否则是没有用的。

【访】最后一种呢？

【邱】我把最后一种又分为三类：占有学生独立思考的时间，占有学生自我反馈、自我纠错的时间，占有学习认同结论的时间。我们都知道，课堂教学时间应以学生的学习情况合理安排，而不是根据教师的教来控制。但我们常常发现有这样的情境，提出问题，马上分组讨论，有些问题是要经过独立思考才能开展讨论的，我们应留给学生独立思考的时间。比如占用学生自我反馈、自我纠错的时间的现象，下面这个例子就比较典型。

六年级　第十一册　分数应用题练习课

……

出示练习题：工地上运来 800 包水泥，第一周用去 40%，第二周用去 37.5%，第一周比第二周多用多少包？

1. 学生独立完成。

2. 反馈。

出示学生的做法：（1）800×(40% −37.5%)

（2）800×40% −800×37.5%

（3）800×(1 −40%)×37.5%

教师请列算式的学生自己说明算式的意义（前两个算式是正确的，大家都同意这样做。第三个算式是错误的）。

师：（问列出第三个算式的学生）800×（1 −40%）表示什么？

生：第二周的。

师：800×(1 −40%)×37.5%表示什么？

生：第二周的 37.5%。

师：要求的是什么？

生：我做错了。

从这个片段中你可以看出来，这位学生是在教师的接连追问下纠错的。这无疑是一种引导学生自己发现错的有效办法。但是，不能激励所有的学生主动地参与自我评价。我想，如果教师能够组织学生展开争议，会不会更好？其实学生完全可能提出教师所提出的那些问题的，这样可以更好地达到学生主动参与评价的目的。

访谈手记

学生的自我反馈，就是对自我输出的信息进行检查与评价，并及时加以肯定或纠正，这有利于提高学生的学习数学的信心与兴趣，增强鉴别能力。这也是自主学习的一种表现，自主学习就是正确了解自己，根据自身的情况，采取恰当的措施，有意识地培养自己、锻炼自己，并且在这过程中实现自我控制，不断增强动力，修正学习目标，改进措施与方法。学习上不能毫无主见，随波逐流，应做学习上的主人，发挥主人翁精神。

【邱】这里还有一个关于占有学习认同结论的时间的例子。

四年级　七册　多位数简便计算

……

生：（板演）　$352-201$

$=352-200+1$

$=153$

师：大家同意他的做法吗？

大部分学生回答：同意。

师：（加重语气）同意吗？

小部分学生回答：同意。

师：真的同意吗？

一学生举手回答：我不同意，不是加1，应减1。

师：（微微点头，再问学生）同意这位同学的意见吗？

学生齐声回答：同意。（接着教师就匆匆进入下个教学环节）

【访】这位教师好像非常希望学生回答“不同意”。

【邱】对，虽然这位教师没有说“你们必须不同意”，但他的语言和语气已经暗示学生一定要选择“不同意”。我想在这个环节里面，如果教师给出一定的时间，让学生用加法证验一下，发现结果是错的，再找找错的原因，要比之前那样好许多。

访谈手记

当需要学生认同某一结论时要给学生一定的时间。当自己的意见被别人否定时只有当自己认识到错时才会真正接受别人的正确意见。但是我们在课堂教学中，教师往往成为“真理”的决定者，学生无条件接受教师的意见或被教师肯定了的意见。

我们经常听到教师这样说“一节课只有40分钟，让学生合作学习，自我反馈，自我纠错，教学进度就来不及”。这里，教师所指的“教学进度”只是指教师“教”的进度。有些教师为了将新课赶在前15分钟以内结束，宁可省去学生根据自己的体验，用自己的思维方式重新创造有关知识的时间，保证教师顺利地进行教。有的教师将时间控制到炉火纯青的地步，小结的话音刚落，下课的铃声响起，教师的脸上露出了胜利的微笑。不敢说这就是我们所期望的教师素质。

【访】总结一下，您研究了那么多“偷换观念”的现象，最后对我们的教师有什么建议呢？

【邱】我最后就是总结成6个问题，我希望教师们对下面所有问题对后者的回答都是：Yes。

1. 我的教学实践是在探索教给学生如何思维，还是观察学生对所讨论问题的真实思维，以此为基础实施教学？

2. 我的学生对“新问题”态度是：“我无法解决这个问题，因为教师还没有教过。”还是“这个问题从来没有碰到过，让我来试试”？

3. 在我的教学过程中，有更多的时间是教师讲解或师生之间一对一交谈，还是有更多的时间是学生与学生之间的交流或争论？

4. 在我的教学过程中，是为少数学生提供了数学实践的机会，还是为所有学生提供了数学实践的机会？

5. 在我的教学过程中，学生仅仅理解和掌握了数学知识、思想方法，还是使他们在自主探索的过程中真正理解和掌握数学知识、思维和方法，同时获得广泛的数学活动经验？

6. 在我的教学过程中，教师是学生学习数学的“知识传授者”“方法指导者”“正确与否的评判者”，还是学生学习数学的“组织者”“引导者”“合作者”“共同研究者”？

第七章
旁 征 博 引

初生牛犊

——邱向理（左一）与实验学校教师合影

◎“邱老师有钉子功”

访谈手记

亲近理论，扎根实践，是邱老师教学研究的重要原则。那么，在实际的培训过程中，教师们的收获究竟如何呢？教师们眼中的邱教研员究竟是个什么样子呢？邱老师的妈妈角色又是怎样扮演的呢？我们后来有幸访谈了几位教师和她的女儿，借用他们的回忆和感受，我们对邱老师有了一个更加全面的认识。

【访】马老师，您是什么时候知道邱老师的？

【马】邱老师是1998年由长兴调入杭州上城区教师进修学校的。那年我刚刚工作，因为邱老师不带我们这个年级的教研，所以一开始并不认识她。只听到我的同事们在谈论说上城区新进了一个数学教研员，科班数学出身，教学实验搞得很好。

【访】为什么对搞教学实验那么有印象啊？

【马】因为我的第一感觉就是，教研员是需要搞好教学实验的，这样才能指导我们。一段时间以后，听到我的同事们又在评论说，这个邱向理严肃认真、做事果断、很有执行力。我听他们的口气似乎很敬畏邱老师，当时不明白执行力的含义，只知道教研室里有个比较厉害的教研员。又过了一段时间，同事们在谈论，这个邱老师蛮好的，指导教研工作很细致，好像没有想象中那么严肃嘛。

【访】一直都是同事们的评论啊，而且各种评论都有，您是不是特好奇，想知道“庐山真面目”呀？

【马】对，我那个时候非常好奇的，这个老师何以让我的同事们那么喜欢去研究？终于在一次教研活动中，我认识了邱老师。一个我认为端庄、大方、严谨、稳重，很有教师气质的女性。我记得在《读者》上看过一篇名叫“借钱要讲艺术”的小文章，说“将钱借给别人是有技巧的，可以先拒绝他的请求，让他陷入极度绝望，忍受心理折磨，然后突然出现并满足他的需求，可以起到先抑后扬的效果……”。这个例子放在这里不一定合适，但大致可以说明一种心情。

【访】 *什么心情呢？先抑后扬吗？*

【马】 对，先抑后扬。邱老师开始看似非常严肃，让我有种诚惶诚恐的感觉，不得不绞尽脑汁认真思索，但到了后来，邱老师适时、细致、到位的指导，又让我感激涕零。邱老师在教育教学上给过我很多的指导，让我难忘的不仅是她的善良、才气，更是带给我的那种诚惶诚恐。说老实话，我这些年的工作生活、我的成长都离不开这种压力：新教师汇报课的忐忑不安、同行推门课的不知所措、教研员提前五分钟告诉我要听课、第一次全国开课时的害怕……正是这种诚惶诚恐的压力让我对所做的工作有十二分的投入，不敢马虎对待，唯恐做不好。

【访】 *如果请您用一段话概括邱向理老师，您大概会想到什么？*

【马】 嗯，邱向理是我们大家公认的名师。她的工作岗位变动很大，教过中学的数学和音乐课程，教过师范里的小学数学教材教法，也专职教小学数学，还带过数学竞赛的集训班，还带各级骨干教师培训班。邱老师担任过学校的大队辅导员、团委委员、校团总支书记、教导主任；她担任过区科研室主任、区教研室主任、区教研中心主任；她也担任过校长。邱老师不仅岗位变动大，而且在每个岗位上都很有作为，似乎岗位的变迁丝毫不影响她的专业成长。在邱老师身上还有很多优秀品格，比方说，她很坚强，她永葆好奇心，她对待工作非常投入，她管理学校人文大气……

【访】 *哈哈，您夸起邱老师真是滔滔不绝，邱老师这么优秀一定是特别有天赋吧？还是有什么别的原因？*

【马】 我也曾经认为邱老师是那种特别有天赋的人，但是仔细想想呢，如果仅仅是天赋，那她一般只会在某个领域里很有成就。邱老师能够在每一个岗位上都如此有作为，那么起决定作用的肯定不是天赋，肯定还有别的东西。邱老师也不是魔术师，她的所作所为没有任何的计谋或魔法，她在教育领域里取得如此骄人的成绩一定需要有某种个性和分析技能。

【访】 *那么根据您和邱老师的接触，您觉得还有哪些原因呢？*

【马】 这个嘛，我还真说不好。不过，我可以给你举几个例子，都是我印象特别深刻的，从这些事情里面我总能学到很多东西的。

2002 年的时候，教研室给我一个机会，送教下乡去海宁交流。当时我的任务是上一节研究课，邱老师作为专家进行点评并对海宁的教师们进行指导。

记得那次，我们赶到海宁的时候已经是傍晚了，当地领导和老师热情接待我们，吃好饭已经很晚了。回到住的地方，我第一次和邱老师同居一室，难免有点紧张。心里想，是直接睡觉不影响她休息呢，还是请教邱老师点什么，或者拉拉家常？没有想到邱老师很健谈，谈了生活、学习，还谈到工作。我大致跟她讲了我这节课的设计与存在的困惑。由于邱老师是临时安排对我的课进行点评，所以她并没有听过最后一次试教，当然前面的试教她是听过的。得知我带了最后一次试教的光盘后，她嘱咐我好好休息后，马上联系总服务台，因为当时笔记本电脑还是奢侈品啊，她就在商务中心认认真真看了我的录像课。

【访】邱老师真是认真啊！

【马】我当时也感觉非常意外，心想邱老师您可是厉害的专家呀，这次是送教下乡，我们杭州已经比海宁领先很多了呀，您还用得着那么认真吗？而且先前也听过我的这节课，更何况邱老师平时的即兴点评都如此出色。最主要的是一路奔波那么辛苦，听我说说也就罢了，何必那么麻烦，又花钱又花时间更花精力要重新去看一遍录像呢？记得她看完回房的时候，已经十点多了，回来后又写着什么，迷迷糊糊中我睡着了。

第二天，我的课还算成功，同行们给了我很多鼓励。我仔细听了邱老师的点评，非常佩服，也很受用。她点评了我之前几次试教中不同的处理对学生学习的影响，那种比较与贯通，那种犀利与到位，让我不仅看到了一个有功底有才气的名教师，更让我们敬佩对待教学研究如此认真、投入的研究者。

访谈手记

终于明白，我们似乎总看到“大家”对待工作的游刃有余，似乎总看到“大家”独特的鉴赏、批判与决策，实则“大家”在看似风光背后的积累是我们所不知的。对待工作用心思考，无论给什么群体指导，对待研究都是那么严谨与一丝不苟，这不仅仅是种工作作风，更是为人的一种品格。

【马】我们邱老师的思考是很深的。我记得她刚到我们学校的时候，就观摩我们的教研工作。之前我们数学组自认为教研活动还是很规范、很有实效的，并且之前在杭州市教研组长工作会议上都引起轰动，很多兄弟学校都慕名前来观摩、学习。我们自认为我们的活动开展既有计划又有组织，既有理论又有实践，既有创新又有继承。所以校长来观摩我们的教研活动，说实在话，我们一开始心里还是踏实的。我们活动后，邱老师做了一个点评，在肯定我们的同时，她还提出了很多问题。比方说我们研究的理论前沿是什么？在这方面目前比较成熟的研究成果有哪些？我们的设计遵循了思维发展和学生身心发展的什么要求？你们能留给后人借鉴和学习的东西是什么？……这一切，不得不让我们思考，我们的教研在看似风光的背后还不能完全将研究、反思和实践三者有机结合。

【访】 在前面的访谈中我们也很有体会的，深入思考确实是邱老师很突出的一个特点。

【马】 邱老师的深入思考还表现在很多方面的，比方说，她上的课，总是关注了学科的方向、思维的要求、学生身心发展的特点等等，在上课之前，邱老师要求我们读好学生、学好教材、想好教法。再比方说，邱老师给我们开会既谈现象，也重启发，更重自我反思。记忆最深刻的是在上届教代会上，邱校长的校长工作报告中谈到了附小的今天，这让教师们满意；谈到了附小的明天，这让教师们向往。然而邱校长更是谈到了自己的不足，这给了教师们极大的震撼与鼓舞。会后，教师们评价说："邱校长是谦逊的，既有激情又有创新，既有思考又有落实，既有实践也有反思，想当个差的校长也难呀。"

【访】 马老师，您说不会总结，慢慢还是讲出特点了吧。除了深入思考，邱老师还有什么让您印象深刻的呢？

【马】 好多啊。再给你讲一个吧，叫做"邱老师有钉子功"。

曾经听到一位教师说，当领导有个想法的时候，你最好不要马上去执行。当领导急着要做这件事情的时候，你再去急也来得及。言下之意，领导们往往有很多想法仅仅是想法，不一定会付之于行动的。对照一下实际情况，确实如此呀，我们都佩服这个老师的高明。

邱老师不一样，她常跟我们说，要么不做这件事情，要做了，就一定要把这件事情做好。

【访】 这大概就是开始您的同事所评价的"执行力"吧？

【马】 我想是的。我记得有一次开学没有多久，邱老师去观摩一个教研组的活动。观摩后发现问题很多，就直言提出了意见和建议。教师们也认真学习，全盘接受。想想问题嘛确实有，领导来观摩嘛总要提意见的，我们态度不错，虚心接受。谁知第二天，邱老师马上要去查看那天上研究课教师的教学设计改了没有，这可吓坏我的同事了。哪里想到校长那么快就要见整改呀！结果可想而知，来了个措手不及。当然有了这个插曲后，老师们明白了改需要马上改。邱老师说下周继续来观摩这个组室的教研活动。

等到第二周教研活动的时候，学校有代表团来参观学习。老师们想，这次校长肯定不会来了，估计她也忘记了。意见也提了，老师也改了，总好了吧。没有想到邱老师安排好工作后，准时出席。虽说已经有了思想准备，老师们还是为她的钉子功夫所折服。连续几次，邱老师都参与了该组的活动，自那以后，我们学校没有一个组（室）在教学研究的时候马马虎虎。

◎“只有把你的研究与课堂紧密结合起来，才能真正体现其价值”

访谈手记

张园，小学数学教师，2005 年被评为杭州市教坛新秀，现为上城区娃哈哈小学副校长。以下材料由她提供。

【访】您和邱老师认识大概多久了呢？

【张】我们认识有十年啦。十年前，邱老师挎着包，骑着一辆自行车，时常下校来听我们这帮“小鬼”的课。当时，我们又盼望又害怕，盼望着邱老师能多给我们指导指导，让我们有一个前进的方向，但我们又很害怕，因为邱老师每一次来听课，总能“一针见血”地把我们的不足“诊断”出来，不得不使我们“害怕”，也不得不使我们心服口服。

【访】这中间有让您印象特别深刻的事情吗？给我们讲讲吧。

【张】邱老师曾经指导我开了一节“除数是两位数的除法”的公开课，那个过程前后波折特别多，如果没有邱老师，真的不知道会成什么样子。最开始是选择上课的内容，我呢，当时也拿不定主意。

有人说，上公开课最好选的内容要相对独立些，不要受前面知识的影响。

有人也说，最好选得相对简单点，孩子们学起来轻松，听课教师听起来也舒畅。

邱老师却说："适合自己的课就是好课，你最近在研究什么就上什么！"

"最近写了一篇《除数是两位数除法的研究》"，我睁大眼睛，惊讶地说，"上这个内容，行吗？计算课很难上的。"

"可以啊！没有上不好的课，就上《除数是两位数的除法》。"邱老师很果断地说，"只有把你的研究与课堂紧密结合起来，才能真正体现其价值。"

【访】说得多好啊。张老师这节课上得顺利吗？

【张】第一次试教，就使自己跌了一大跤，上得很糟。当时心里已经有点打退堂鼓了，来听课的教师也劝我换内容，都说这样的计算课不好上。但邱老师却对我说：

"计算课在小学的六年中占了很大的比重，我们因为一次的失败，就放弃对它的研究？只要我们敢于面对，没有上不好的课，也没有上不好课的教师。"

邱老师的这番话，使我认识到我的努力还不够，我的研究还不深。于是，我到各个区采点，对使用不同教材的四年级学生进行前测，了解他们的思维过程，找到原设计中的问题所在。这样的实践，使我对教学有了信心，再次把新的教学设计交到邱老师手上后，她用鼓励地眼光看着我，说："好，我们再上！"

【访】后来呢，顺利吗？

【张】后来又经过几次试教，一次比一次有信心了。在这中间，由于邱老师工作繁忙，不能直接来听课，但都让我把课摄下来，等当晚看后，第二天再抽空与我交流。我记得很清楚，每当我把录像带送到邱老师手上时，邱老师的第一句话，总是说"今天上下来，你自己觉得哪些地方有问题？"

访谈手记

这样的一句话，其实蕴涵了邱老师很深的用意。她希望教师能静下心来反思自己的课，找到设计本意与教学实际存在的差距，如果教师能够说清楚，也就能把握好教材了。张老师回忆说，邱老师总是在她自己的反思之中，提出很多宝贵意见和建议，从课的整个结构到课的细节，慢慢地教会老师"品"到怎么才能上好一节课。

【张】课最终在展示后受到好评，但我想这些好评是短暂的，并不能陪伴我一生。而这一次的经历，却使我一生受用。邱老师给我的自信，给我的教导，给我的启发，使我感到邱老师总是那么耐心，那么有思想地引导着我们，是一位真正能用心教育的专家！

下面这篇《关于“空间与图形”总复习教学的实践和思考》就是邱老师带着我进行教学研究的一个例子。

关于“空间与图形”总复习教学的实践与思考

杭州市上城区教师进修学校　邱向理　张　园
杭州新世纪外国语学校　余文法

一般教师不大有机会听复习课，原因有两点。第一，复习课教学与学生前面所学知识与技能联系紧密，尤其是借班上公开课，很难预设教学方案，教师们一般选择新授课开课。第二，教师们确实觉得复习课不容易上，好多复习课上成了练习课或测试课。怎样体现新课程理念，引导学生进行有效地复习呢？我们分别以一年级单元复习课、三年级期末复习课及六年级总复习课为例，从教学目标制定、教学过程预设、教学过程实施等方面进行了小学数学复习课教学的实践与研究。我们的复习教学一般围绕“回顾与整理”“巩固与练习”“应用与探究”三大块进行设计。“空间与图形”是小学数学教学内容中重要的一部分，因此，它的复习教学具有“数与代数”等内容的一般教学要求与教学过程，但也具有它本身的特点。本文是我们在“空间与图形”总复习教学中的实践与思考，与大家交流，旨在抛砖引玉。

一、使“回顾与整理”更具有活动性和思考性

在复习教学时，一般会先让学生将小学数学中所学的空间图形知识罗列出来然后按一定标准分类整理，这不失是一种复习整理的好方法。但如何充分利用“空间与图形”教学内容特点，使回顾与整理活动更具有挑战性，提高学生想象能力、几何关系推理能力呢？我们设计了一系列活动。

1. 画图活动

观察图中一个点，由这个点出发，画出小学中学过的几何图形（画草图）。

学生会画出如下的图形：

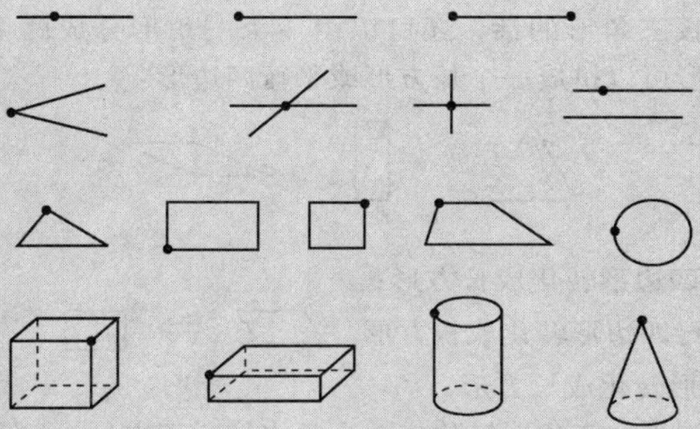

设计意图：

（1）在画图时，学生必须对所学图形进行分类（如一维、二维、三维图形），才能使所画图形不重复不遗漏。可以达到整理知识的目的。

（2）画图时学生必须抓住图形的主要特征，有利于学生回顾、应用图形主要特征。

（3）画图时学生必须在由一点想象出一个完整的图形的基础上进行，有利于锻炼学生的想象能力。

2. 交流活动

说一说自己所画图形的名称，并解释你画的图确实与图形的名称相符合。

如：学生说我画的是一个平行四边形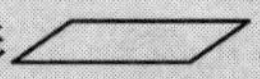，然后解释：因为我画了两组对边分别平行，或者说一组对边平行且相等，等等。

设计意图：

（1）在交流过程中，学生可以锻炼用“平行”“垂直”“面”“边”“顶点”“角”等数学语言准确地交流的能力。

（2）在交流过程中，学生能更深入地理解掌握图形特征。

3. 变换活动

在学生画图、交流的基础上，紧接着选一些图形，通过分割、组合变成另一种图形（要求画草图，不是拼图形）。如：

（1）三角形转化成平行四边形：

由两个相同的三角形，转化成平行四边形。

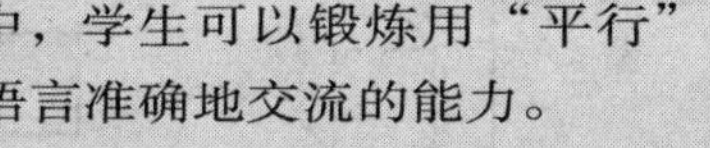

如果是等腰三角形的话，还可以由一个三角形分成两个直角三角形，两个直角三角形可以拼成一个长方形或平行四边形。

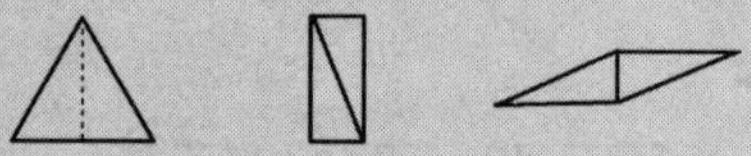

（2）平行四边形转化成长方形：

由一个平行四边形转化成长方形。

（3）三角形转化成长方形：

由两个相同直角三角形转化成一个长方形或正方形。（图略）

（4）由一个圆柱体变化成等高的长方体、圆锥体。

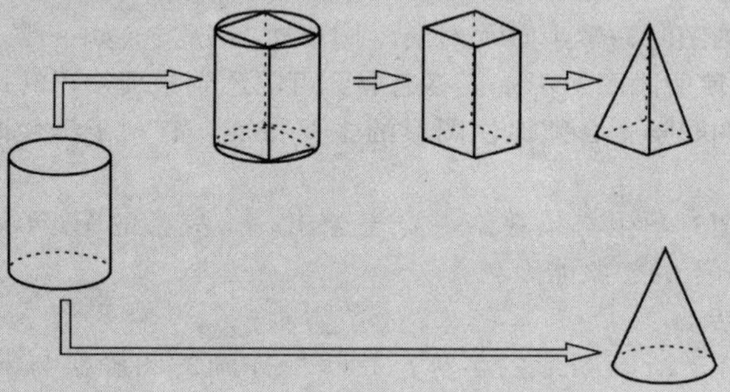

（5）由立体图形转化成平面图形（展开图）。

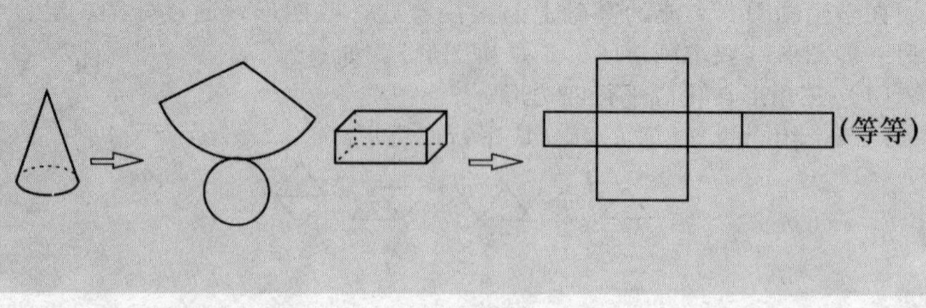

（6）由展开图转化成立体图（图略）。

设计意图：

（1）学生在图形转化过程中，沟通图形与图形之间的关系。

（2）学生在画图前有一个想象过程，把一个图想作另一图的一部分，再画出一个整体图形，或想象图的某一部分通过平移或旋转变成另一个图形。对平移与旋转有了进一步的理解。

（3）学生在先想象再画图的过程中，提高空间想象能力。

4. 测量活动

提供一些测量工具，如：几张画有边长为1cm小方格的透明纸，有厘米刻度的直尺、米尺（直尺或卷尺），已知面积、体积的平面图形或立体图形。给出一些需要测量的物体和几何体，让学生标出它们某一面的周长、面积，某一几何体的体积。

设计意图：

（1）学生在测量活动中必须选择合适的测量工具。体会到有时可以借助透明纸，已知面积、体积的平面图形和几何体直接度量，有时直接度量不能进行时，可利用公式计算周长、面积与体积。整理所学的测量的方法与计算公式。

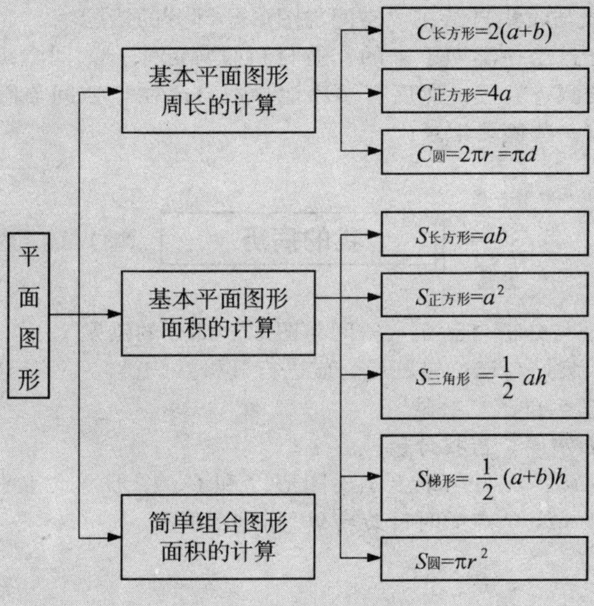

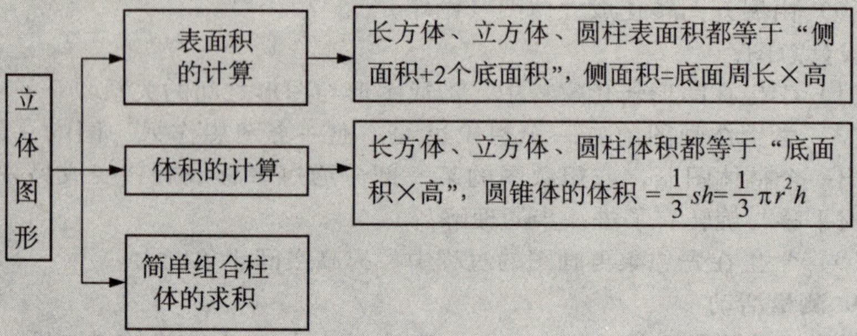

（2）测量记录时必须要选择适当的单位，有时还会遇到高级单位与低级单位的化聚问题，可以达到整理所学的测量单位与单位间进率的目的。

二、使“巩固与练习”活动更具有自主性、反思性，练习设计更具有针对性

在“巩固与练习”教学环节中，引导学生在自主查漏补缺过程中巩固所学知识、熟练技能技巧，培养学生自主学习和反思的能力。

1. 引导学生自己“查漏”

（1）寻找与收集自己在“空间与图形”部分的错题

学生先把自己一学期下来的作业材料收集起来，如课堂练习册、作业本、各单元的测查卷等，然后有顺序地寻找自己在“空间与图形”方面的错误，并做好一些简要记录。

（略）。

（2）整理与分析自己在“空间与图形”部分的错题

当学生收集好自己的错题后，应进行分析并归类。

2. 引导学生自己“补缺”

（1）直面错误，自我分析

如：画一画：在方格纸上画出图形 B 和 C，图形 A 向上平移 2 格得到图形 B，图形 A 绕 O 点顺时针旋转 90°得到图形 C。

【学生出现的错误】

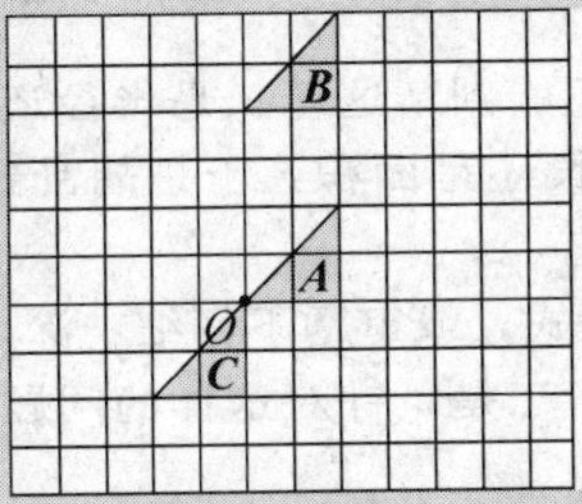

错误 1

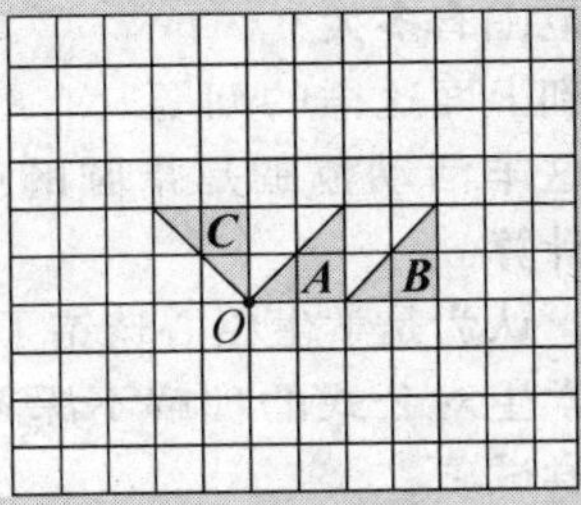

错误 2

两位学生在这道题上都犯了错误，但错误的原因各不相同，为此各自需要分析自己的错误，教师可以引导学生思考：当时是怎么想的？错误的原因是什么？请把你现在认为正确的画法画下来。

（2）交流错误，以防再犯

如：在右面的两个容器中分别倒入 20 升的水，哪个容器的水面高？高多少厘米？

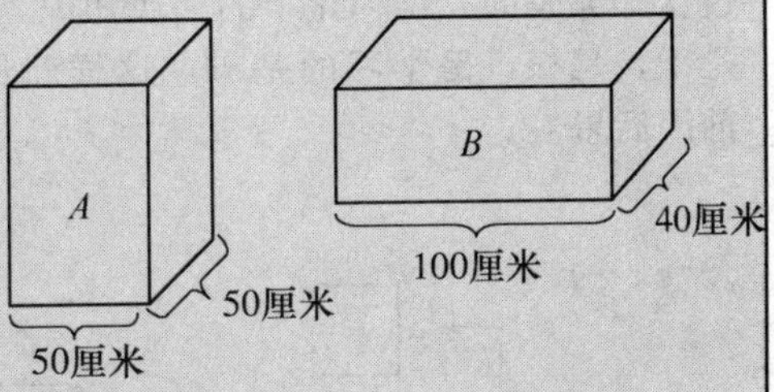

错误 1：$50\times50\times20=$

50000（立方厘米）

$100\times40\times20=80000$（立方厘米）

$80000-50000=30000$（立方厘米）

错误 2：20 升 $=0.2$ 立方厘米

$0.2\div(50\times50)=0.2\div1000=0.0002$（厘米）

$0.2\div(100\times40)=0.2\div4000=0.00005$（厘米）

让学生把自己错误的原因在小组内交流，如错误 1 的产生是学生误把“20 升”理解为容器高，不知道“升”是容积单位，更不知道“20 升”指容器的容积，由此而造成“长×宽×容积”的错误。错误 2 首先是单位换算出错，导致下面的算式错误，同时又有计算错误，其实整个解决的思路是正确的。在组内交流后，同学相互之间可以发现，同样的题目错误可能是不同的，大家都要引以为戒，以防再犯。

3. 深入分析错误原因，有效设计练习

在学生自己查漏补缺的基础上，教师需要帮助学生深入分析错误原因，根据学生的实际，设计一些有针对性的练习，以帮助学生巩固知识与技能。

如：草地上有一木桩，把一只羊用绳子系在木桩上，若绳子长 2 米，这只羊活动范围有多大？

学生遇到上面这样的问题，有的不能判断这绳长是半径还是直径；有的不能判断这羊活动范围是指圆的周长还是面积。于是胡乱选一个公式，代入数据就计算。

粗一看，认为是学生粗心选错了公式，或审题不仔细。深入分析原因，我们认为是学生对公式的理解不深刻。于是，针对这样的问题，我们做了如下的教学尝试。

（1）知因知果，防止“死”记。引导学生体验我们学过的平面图形是转化成长方形、以长方形面积公式为基础推导出来的。同时在学生的脑子里建立起有内在联系的六种平面图形面积计算的整体图式，所得到的是经过认知编码的、结构化了的一块知识。如果我们将图竖着看，那“长方形”是干，是根，是学习的基础。这样就使学生真正弄清了知识的来龙去脉、前因后果。

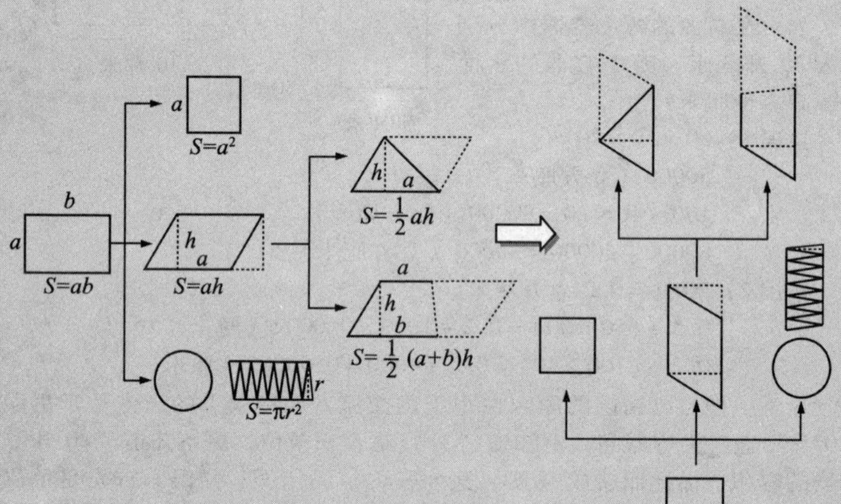

（2）回忆图形，比较分析。引导学生在碰到问题时，不是先去回忆公式，而是在头脑中形成问题中所描述的图形，然后再根据这个图形选择合理的方法来解决问题。

如：阿凡提赶着羊回到财主家，财主要他把羊赶到长方形的羊圈内，可是长方形的羊圈装不了这么多的羊，财主说“你可改造羊圈，但材料不变，不能花钱，羊还要都装进去。”聪明的阿凡提没花一分钱，就把羊赶进了羊圈，你知道阿凡提是怎么做的吗？

材料不变说明什么？可以是长方形的羊圈，还可以是什么形状的？什么形状的羊圈才能装下这群羊？如果围成圆还不够怎么办？学生在不断地想象、比较中复习了长方形、正方形、圆等平面图形的周长和面积，同时也明白要算的是周长还是面积。

（3）对比练习，帮助区别。练习中我们可以采取从图的表述到字的表述，从简单的到复杂的层层深入地练习。如：

简单的逆向计算（即求底或高）。

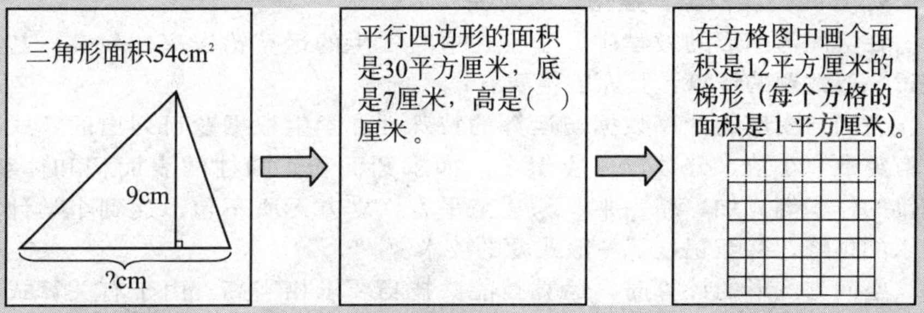

计算各图形的面积。

现有条件的面积计算——选择条件后的面积计算——自行找到条件后的面积计算

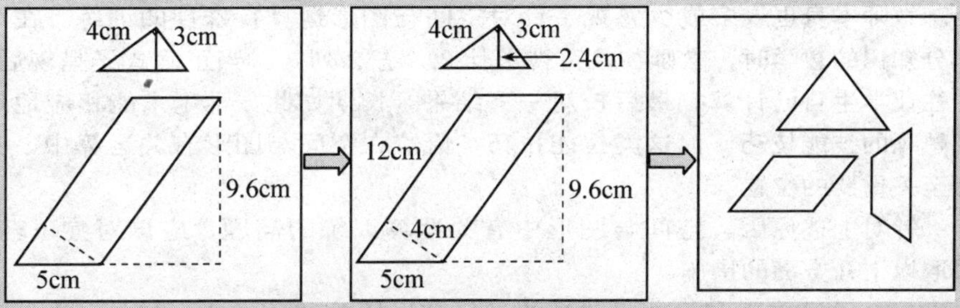

按要求画圆。（每个方格的面积是 1 平方厘米）

①把圆 A 向右平移 4 格得到圆 B；②在方格纸任意地方画圆 C，圆 C 的周长是圆 A 周长的 $\frac{1}{2}$；③在方格纸任意地方画圆 D，圆 D 的面积是圆 A 面积的 4 倍。

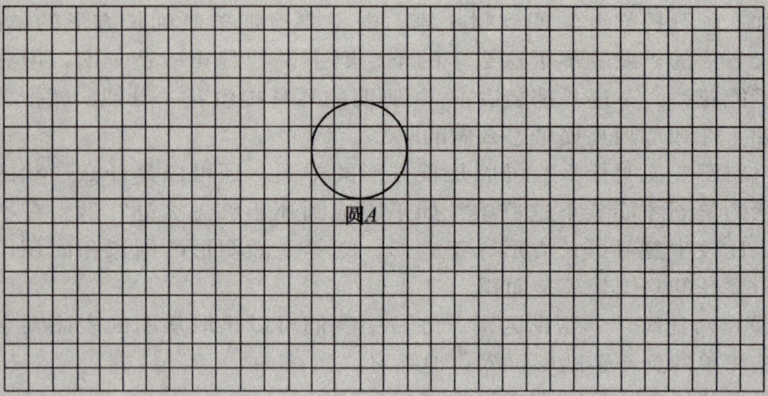

4. 寻找错误根源，强化单项训练

在空间与图形的教学中，学生在这时发生的运算错误率比较高，甚至超过一般式题的计算。其原因主要有：

空间与图形的计算数据与运算的特殊性。学生根据题目列出的算式往往有整数、小数、分数，一应俱全。如求圆面积、圆柱的表面积和体积、圆锥的体积等，加、减、乘、除甚至平方、立方无所不包，达到小学计算要求的顶峰，甚至超过了一般式题的要求。

空间与图形的计算时，运算技能、技巧要求相当高。由于有关算式的形式复杂，计算难度大，往往要求学生合理并灵活地运用运算法则、定律等进行简便运算。

例如：

教师本身也或多或少忽视了针对空间与图形运算特殊性的训练。在这部分知识的教学时，教师往往重视求什么，怎么列式。当正确式子呈现后，往往让学生自己计算，最后校对一下结果。长期如此，学生未能相应地形成熟练的技能技巧。而这类技能技巧，恰恰在空间与图形有关运算中，占有至关重要的位置。

针对上述原因，空间与图形中有关运算训练的问题，应该对症下药，采取以下几方面的措施。

（1）注重加强有关常用数据的记忆和运用的技巧训练。如：π乘一个数，在计算圆的周长和面积、圆柱表面积和体积、圆锥的体积时都需要用到，学生在进行计算时容易出错，可以指导学生制作1π～9π近似值数值表，并要求熟记。

由于面积、体积概念的出现，经常要用到平方或立方的运算。因此可指导学生制作2～20的整数平方表和2～5的整数立方表，同样要熟记。

（2）注意加强空间与图形有关计算技能和技巧的训练。如：π的运算技能训练。18.84÷π，3.14÷π……

将复杂的空间与图形的运算算式收集起来，作为式题训练的内容进行系统训练。

（3）让学生掌握一些空间与图形有关计算常用的特殊规律。如：一般情况下“π”最后计算。π取近似值是一个小数，放在最后计算，利用π近似值表，常常可使运算简便。

$$\begin{aligned}&\pi\times(6\div2)^2\times2+\pi\times6\times20\\=&18\pi+120\pi\\=&138\pi\\\approx&433.32\end{aligned}$$

再如，灵活运用运算的法则、定律，“π”能约分的尽可能先约去。

$$\begin{aligned}&\frac{1}{3}\times\pi\times9^2\times4-\frac{1}{3}\times\pi\times6^2\times5\\=&\frac{1}{3}\times\pi\times9\times9\times4-\frac{1}{3}\times\pi\times6\times6\times5\\=&108\pi-60\pi\\=&48\pi\end{aligned}$$

三、使“应用与探究”活动更具拓展性，起到承上启下的作用

总复习时，应让学生在整理知识、巩固知识的基础上，进行一些综合应用与探究活动。这时的“应用”与“探究”应更具知识能力的拓展性，同时为今后的学习做些知识、技能、方法的铺垫，起到承上启下的作用。在这个教学环节，我们设计了一系列的活动。

1. 拓展性活动

（1）纵向拓展。如：①能否作一个四边形，使它只有两条对称轴？一条对称轴？没有对称轴？如果有的话，是怎样的四边形？②在一张纸的右上角画一个五角星，以水平方向为轴，把纸翻过来，再旋转180度，这个五角星现在在哪里了？

设计意图：

因为在以上①这样的活动中，学生必须能够想象出当一个图形旋转或经过翻转会产生怎样的结果，才能找到这样的四边形。并且需要用对称、变换的特点分析图形的运动过程。不但可以应用相关知识，而且可以锻炼几何分析、推理、描述能力。

如：①用十块立方体摆出一个建筑物，从前面、上面、右面看到的图形如下。

前　　上　　右

②下面是一堆立方体，从上面、前面、左面看到的图形，问这堆方块共有几个？

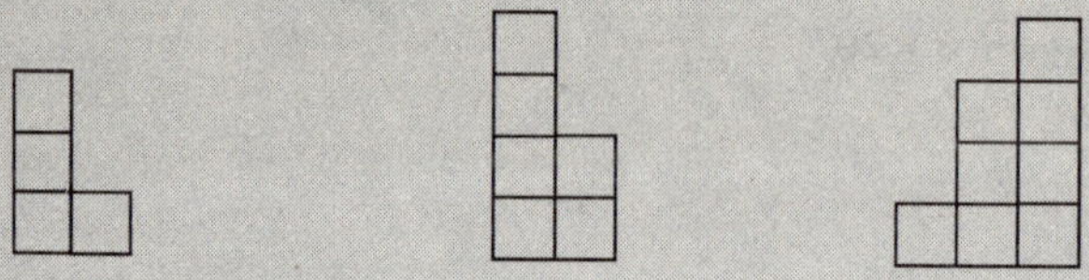

上　　前　　左

设计意图：

这样的活动，主要让学生利用空间想象力思考问题。具有一定的挑战性。

如：测量一片树叶的面积。

设计意图：

让学生在探究过程中提高语言表述能力、几何推理能力、空间想象能力。

（2）学科之间的拓展。如：用面积说明乘法分配律的道理。

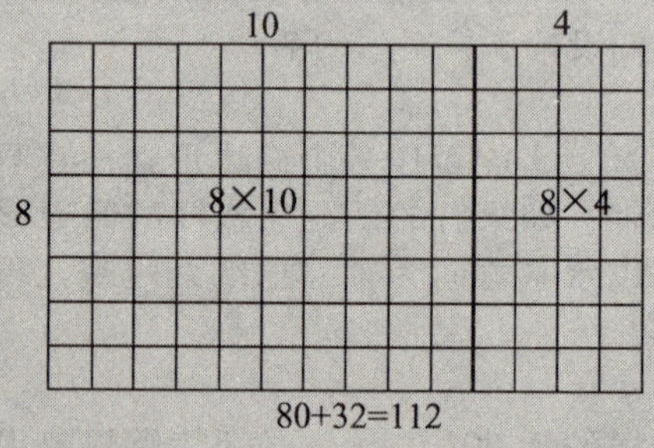

如：用对称的知识，创造自己喜欢的图案，欣赏图形的美。

设计意图：

让学生利用空间与图形知识，解释、证明一些“数与代数”问题、自然科学问题、音乐美术问题，等等。

让学生通过空间与图形的学习培养创造力和艺术欣赏力。

2. 承上启下性活动

使用地图或方格纸研究确定点的位置、设计线路、测量距离。

如：沿着方格纸中水平或竖直线移动，从学校到公园的最短线路是哪条？你是怎样确定的？有没有几条不同的“最短路线”？如果有，一共有几条这样的路线？如果你从学校出发，要到一个公园去接你妹妹，还要到商店去一下，还要到图书馆去，怎样走才能使所走的路线最短？

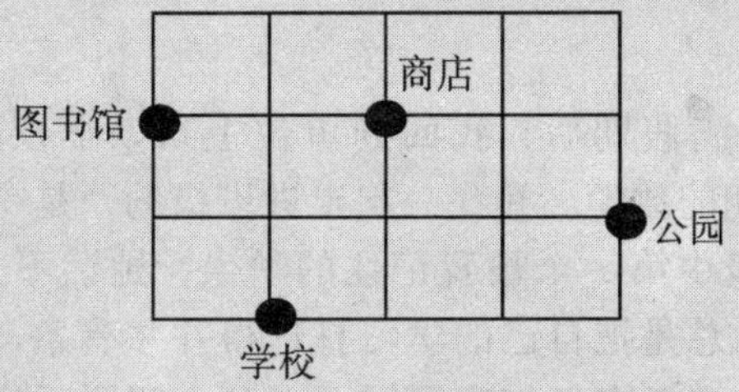

设计意图：

在这个探究活动里，学生要用到方格纸并且学到定向的基本思想和策略。为第三学段继续学习平面直角坐标系、求两点间的距离积累了直观形象的经验。

又如：画一个有一个直角和两条相等边的三角形？能否画多个符合条件的三角形？这些三角形之间的关系怎样？

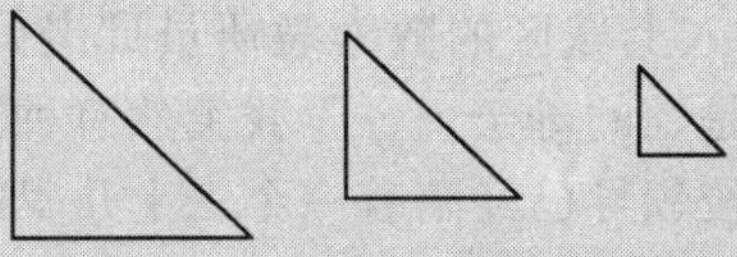

设计意图：

这样的活动，为学生在第三学段理解相似三角形积累经验。

怎样引导学生在较短的时间内有效地进行“空间与图形”的总复习？这是一个值得我们研究的问题。其实不管是复习课还是其他课型的课，教师一定要考虑到学生已有的知识、技能、需要、理解能力及教学目的。必须从学生的实际出发，进行教学预设与实施教学。

◎"女儿是我的学生，没料到妈妈居然是我的老师"

访谈手记

张钰平是经常提到邱老师指导的教师，她先后在杭州市天长小学、天地小学任数学教师，现为上城区教师进修学校附小副校长。

【张】生女儿修满假期后，我回到单位上班，学校领导安排我接任六(1)班最后一个学期的数学。和我一起走进班级的，是一个从湖州长兴转来的学生，她成了班级中第一个被我记住的学生，她话不太多，文文气气的，从不用老师操心。她总是把自己的学习打理得井井有条，没有任何事情需要家长来学校找老师，也没有任何问题需要老师上门联系家长。同办公室的老师都会羡慕我有福气，班里插进了一个好学生。

天长小学有规定，教师必须家访新插班的学生，仅剩一学期又加上毕业复习，去金炼家家访这件事也就一直拖着。时间过得飞快，转眼就是一个学期，这个班的学生快乐地离开小学进入中学，金炼同学的家访自然也就拖过"头"了。我呢，又接手一个新的班级，继续教数学。开学没几天，学校领导通知我，去年从长兴调入上城区的数学教研员邱老师要来听我的课。"去年……长兴……难道她是她的母亲……"我突然有种预感，我不敢继续想下去。还没等我回过神，校领导已经陪着一个三十几岁的女教研员出现在我面前。"我叫邱向理，你可是我女儿的老师啊……"邱老师对我说的第一句话，我只听见了一半。

【访】呵呵，当时您一下子蒙了吧？

【张】对啊，当时心里就不停地埋怨自己：笨！为什么不去家访？傻！为什么不问她一下，妈妈是干什么的？哦！天哪！我一个学期的教学水平、职业表现？完了……

在后来的交往中，我才知道邱老师早从女儿对数学教师的喜爱之情中了解了我。她特意等到女儿毕业后才来听我的课，也是为了之前不给我带来心理压力。

【访】邱老师还是很细心的嘛，很照顾别人的感受。

【张】与邱老师认识以后，我们不断地有“课”要磨，教研课、示范课、公开课，等等。在那些日子里，为了一个教学环节，邱老师会设计出许多不同方案与我商讨“最佳性”；为了一个教学提问，她会想出许多不同问题与我商讨“适宜性”；为了一道教学习题，她会编出许多不同题目与我商讨“有效性”……因为这样，我常常有机会与邱老师在一起研究，她带给我的不仅是理念的更新与行为的进步，更是对小学数学教学的那份喜爱。

接触多了，我和邱老师之间是师徒，更是朋友，彼此之间聊的话题也越来越宽泛。一次，两人兴致勃勃地谈着日益上涨的杭州房价与住房问题。谈话间，邱老师突然陷入深思，问我能不能把这个目前杭州人关心的住房问题搬进数学课堂，让我们高年级的学生在“生活中学数学”。这个创意产生后，邱老师马上带领我们展开了实践，虽然无法与后来研讨会中类似的课相提并论，但我从中明白了教师要善于从生活中捕捉数学、引导学生学习数学。

下面的这篇教学案例，就是邱老师在我的课堂教案的基础上进行了点评和指导（评析部分为邱向理点评）。

“两位数与两位数进位加法”教学案例

指导、评析：杭州市上城区教师进修学校　邱向理

执教：杭州天地实验小学　张钰平

教学内容：《现代小学数学》六年制第三册

教学目标

1. 让学生在购买玩具的情境中体会所学的数学知识和方法的价值。

2. 让学生在发现两位数与两位数进位加法有多种计算方法的过程中，体会解决问题策略的多样性。同时培养学生思维的灵活性。

3. 让学生学会两位数加两位数的笔算方法。

4. 通过分层教学，使不同学习水平的学生都有所发展。

5. 在学习活动中培养学生独立思考、有序思考的习惯；培养合作、交流、评价的能力。

教学过程

一、从生活问题中发现、提出数学问题

师：小朋友你们喜欢玩具吗？

生：喜欢。

师：我们一起来看看这儿都有些什么玩具。（电脑演示）

师：买两件你最喜欢的玩具，你能列出计算总钱数的算式吗？请写在卡片纸上。

（生独立操作，将计算总钱数的算式用笔写在卡片纸上）

师：请把写好的算式贴在黑板上，如果你的买法和别人相同时请不要再贴出来。

（生自由地把算式展示在黑板上，如下）

26 +38	45 +38	45 +7	17 +32
17 元 +7 元	45 +32	17 +38	7 元 +26 元
26 +45	17 +7	32 +7	32 +17

师：我们一起来看看有没有重复的，发现后请帮助取下。

（生争着上来帮助取下重复的算式）

师：说说这些算式表示的意思（师指算式学生自由站起来回答）。

生：26 +38 表示买玩具汽车和玩具火车的总价钱；

17 +7 表示买布娃娃和玩具房子的总价钱；

26 +7 表示买玩具汽车和玩具房子的总价钱；

32 +7 表示买小布熊和玩具房子的总价钱；

45 +38 表示买玩具飞机和玩具火车的总价钱；

45 +32 表示买玩具飞机和小布熊的总价钱；

26 +45 表示买玩具汽车和玩具飞机的总价钱；

32 +17 表示买小布熊和布娃娃的总价钱。

……

[评析：教师不直接出示今天要学习的两位数加两位数的进位加法，而是通过设置一个购买玩具的情境，提出买两个玩具怎样计算总钱数的问题。让学生体会今天学习的数学内容与生活问题有紧密的联系，而且数学是解决生活问题的工具。]

师：请你把这些算式分类，可以怎样分？

生：买汽车的分为一类，也就是汽车加另外的东西为一类，飞机加另外的分为一类；

生：第一加数 45 的分为一类；

生：两位数加一位数分一类，两位数加两位数分一类。

师：如果按照两位数加一位数为一类，两位数加两位数为一类，谁会分？

生：（在黑板上移动算式卡片进行分类）

26 +38	17 +7
45 +38	26 +7
45 +32	32 +7
26 +45	45 +7
32 +17	38 +7
⋮	

生：两位数加两位数的算式还可以继续分，把它们分成两位数加两位数不进位加法和两位数加两位数进位加法。

生：（继续分）

26 +38	32 +17	7 +26
45 +38	45 +32	45 +7
45 +26		17 +7
		32 +7

师：哪几类算式我们已经学过？一起来口答（师指题目，学生直接说出得数）。

[评析：教师引导学生将获取的数学材料进行整理、分类，从中选取今天要研究的数学材料——两位数加两位数进位加法题，这样的教学，有利学生自主更新认知结构，而且让学生在这样的学习活动中，增强获取信息处理信息的能力，学会研究问题的方法。]

二、发现计算45+38的多种方法

师：今天这节课我们一起来研究两位数加两位数进位加法的计算方法（揭示课题——两位数加两位数的进位加法）。

师：我们以45+38这一题为例，算一算一架玩具飞机和一辆玩具火车共需多少元钱？想一想你可以用几种方法计算这道题？

（生独立思考）

师：以四人小组为单位进行交流。

（生分组交流）

师：说一说你们的计算方法。

生：把45分成40和5，先用40 +38=78，再用78+5=83。

生：把38当做40，45+40=85，再用85-2=83。

生：列竖式计算，先把竖式写好，个位上5+8=13，写3向十位进1，十位上4+3=7，7加个位进上来的1等于8，所以45+38=83。

生：把45分成40和5，把38分成30和8，先用40加30等于70，再用5+8等于13，最后把70和13相加等于83。

生：我想补充一点，竖式计算时，个位相加满十可以把“进1”小小地写在等号线上。

生：因为是进位加法所以十位上4+3要再加1等于8，个位上5+8等于13，只要写3就行了。

师：我们用多种方法计算出买玩具飞机和玩具火车的总价钱，这些方法中，你最喜欢用哪种方法？为什么？

生：我喜欢用竖式计算，因为竖式比较方便。

生：我不喜欢用竖式，我可以直接口算，不过做完后，可以用竖式帮忙检查。

……

[评析：在学完两位数加两位数不进位加法、不退位减法和两位数加一位数进位加法后，学习两位数加两位数进位加法，对绝大部分学生来说并不困难。（我们对五个教学班进行过调查，在学习前只有不到10%的学生不会用竖式进行两位数加两位数进位加法。）教师不是把重点放在教学生怎样进行竖式计算，而是将重点放在让学生探索、发现45+38的多种计算方法上，让学生体会到计算方法的多样性，列竖式计算是多种方法中的一种。让学生体会到两位数加两位数进位加法的计算方法不需教师教，我们可以通过将算式重组、转换，用已掌握的知识、技能创造出计算方法。从而培养学生的创新精神和创造性思维能力。]

三、形成并巩固笔算方法

师：计算买玩具飞机和玩具火车的总价钱需要用到两位数加两位数进位加法（45 + 38），另外买哪两样玩具也需要用到两位数加两位数进位加法？

生：布娃娃和玩具火车的总价钱 17 + 38；

生：玩具汽车和娃娃的总价钱 26 + 17；

……

师：请你将这三种买法（45 + 38；17 + 38；26 + 17）的总价钱用你喜欢的方法，快速写在本子上。

（生独立完成）

师：这三种买法的总价钱分别是多少元？

生：第一种要 83 元，第二种要 55 元，第三种要 43 元。

[评析：教师不要求学生必须要用竖式计算，而是要求用你喜欢的方法，快速地进行计算，让学生在计算过程中，体验自己喜欢的方法是否最合理、最简捷。]

分层教学（学优生与学困生分别活动）

	基本掌握笔算方法的学生	掌握笔算方法有困难的学生
1	选做一题： （1）列竖式计算。（限时 2 分） **[评析：这样的练习有利于学生巩固所学知识，熟练计算技能。]** （2）每次买两件玩具，共有几种买法？列出算式。 **[评析：这样的练习有利于培养学生思考的有序性。]** （3）$\begin{array}{r} \square\square \\ +\ \square\square \\ \hline 5\ 6 \end{array}$ **[评析：这样的练习有利于学生函数思想方法的形成和综合运用能力的培养。]**	师：有错的几位小朋友请到老师这儿来，我们一起来看一看错在哪里，好吗？ （进行小组教学） **[评析：因为以上的教学并没有将重点放在如何进行竖式计算上，因此，一些学困生就有可能没有很好地掌握列竖式计算的方法，特别个位是满 10 向十位进 1 的问题没有解决。因此，这时进行分层教学是非常有必要的。]**

	基本掌握笔算方法的学生	掌握笔算方法有困难的学生
2	教师出题： $\begin{array}{r} 2\ 5 \\ +\ 3\ \square \\ \hline 5\ \square \end{array}$ $\begin{array}{r} 2\ 5 \\ +\ 2\ \square \\ \hline 5\ \square \end{array}$ 学困生回答，学优生评价。给学困生鼓励。	
3	学优生反馈：每次买两件玩具共有几种买法？学困生倾听或评价。	
4	学优生反馈：(3) $\begin{array}{r} \square\ \square \\ +\ \square\ \square \\ \hline 5\ 6 \end{array}$	

四、小结

师：今天这节课我们一起学习了两位数加两位数进位加法，通过这节课的学习，你有什么想说的？有什么想问的？

[总评] 本节课有如下特点。

1. 课的组织有利于学生自主构建知识结构

教师组织学生从生活问题情境中发现、提出两位数加一位数、两位数加两位数加法问题。一方面使学生自然地体会到数学与生活的紧密联系，体会学习数学的价值。另一方面，提取了学生与本节课学习有关的知识背景。通过对算式的整理、分类，使学生将两位数加两位进位加法自然地纳入了原有的知识结构。这样的教学，有利于学生自觉沟通新旧知识的联系、扩大原有的知识结构，同时明确了本节课要研究的内容。

2. 教学中突出学生探索多种计算方法的过程

教师将本节课的教学重点放在让学生探索两位数加两位数进位加法的多种计算方法上，而不是放在单纯地学习列竖式计算的方法和掌握笔算法则上。这样的处理是符合实际的，因为，进位加法法则对学生来说并不陌生。学生在学习两位数加一位数进位加法时，已有了“个位满十向十位进1”的经验，学生在探索列竖式计算方法过程中有能力总结、归纳出两位数加两位数进位加法法则。这样的处理有利于培养学生思维的灵活性和变通性。有利于学生形成将新问题转化为能用已学过的或熟悉的知识、技能来解决问题的思想方法。

3. 重视让所有学生的学习水平在原有的基础上都有所提高

教学中通过分层练习，使学困生有机会得到教师的个别辅导，使学优生有机会根据自己的能力和兴趣选择问题进行研究。这样的处理有利于每个学生的学习水平在原有的基础上都有所提高。

【访】你能说说你妈妈的教育方式吗？

【女儿】嗯，她很开明的，善于引导。现在我还记得上幼儿园大班的事。有一天睡午觉，小朋友们都乖乖睡觉去了，几个比我大点的小伙伴带着我偷偷溜到学校附近的工地上捡石子。当时特开心，捡着透明的小石子当宝贝似的大把大把地往妈妈给我织的毛衣上的装饰小口袋里装，等玩累了才想到要去睡午觉。结果被保育员赵阿婆发现了，呵呵，赵阿婆让我们几个一排在墙角站着算是惩罚。当时我挺满足地玩着口袋里的石子，一点都没觉着这是在惩罚我们。后来赵阿婆看到我满满一口袋的石子差点气晕，喊道“这孩子真够呛！”把我的“宝贝”全倒了。当时我好伤心啊，就大哭。阿婆怕我吵到其他正在睡觉的小朋友，就还给了我几个小石子，然后让我去睡觉，我睡不着。我的床靠墙，墙上有一个小洞，我就挖墙上的墙灰和石子，结果那面墙被我挖了个大窟窿。为此，我又被叫去站墙角。爸爸妈妈被老师叫来批了一通，当时我害怕极了。不过我记得妈妈没骂我，也不知道怎么为我善后的，她带着我，让我跟老师承认错误。妈妈当时没有跟我讲很多道理，我只记得，她拿了一个我很喜欢的洋娃娃，那娃娃穿着一件好漂亮的白衣服，她认真地说：“我想把她的衣服剪了”，我急得快哭了：“不要！不要！”妈妈说：“为什么呀，我喜欢这样玩呀”，我真的大哭起来，“你们幼儿园的墙也穿一件白衣服啊，你今天把她的衣服挖破了，她也会伤心的。”妈妈说完，我明白了。

【访】你觉得你妈妈很严肃吗，平时对你管教很严格吗？

【女儿】我从来不这么认为，可能她在工作的时候不怎么爱开玩笑，很少谈一些生活琐事，大家才觉得她比较严肃吧。生活中我们像姐妹一样，什么都谈，但她不会干涉我的个人兴趣爱好或者隐私什么的。有时她还会鼓励我多涉猎一些新事物，我们经常一起做瑜伽，有时我跳健美操她还会穿着宽大的睡袍跟着我学，臃肿的样子看上去特逗！我们经常逛街，那是在她上完课后，我喜欢拽着她给我买衣服。不过妈妈会在我“玩物丧志”时“威胁”我。记得大一时我报了全国大学英语四级考试，考前我有一搭没一搭地复习着，还经常让妈妈陪我逛街，在离考试还有七八天时她突然说了句“如果你四级都考不过以后我不理你了”，当时听了很担心，担心她真的不理我了，因为她从来没有这么“威胁”过我。还好，在我的努力下，终于顺利把四级搞定。不过当我考大学英语六级时她再也没威胁我。

我觉得我妈妈给了我广阔的发展空间，她从来不帮我拿主意，不知道这算是我幸运还是不幸。记得大二时我们学院的团委老师和团委副书记找我谈话让我竞选团委某部门的部长，以后接替团委副书记。因为我对那部门的工作不是很有兴趣，就打算放弃。团委老师还是让我考虑，我犹豫了，只好找妈妈拿主意，其实我很想听妈妈说“去”或者“不去”，但是妈妈的回答是“在你学有余力的时候锻炼一下能力是很必要的，专业学习也很重要的，一切自己决定。”妈妈一向这样，把我往自立的道路上推。有时参加什么活动和比赛，我只会在比赛结束出成绩时给他们报个喜讯。最搞笑的是，有一次我参加完学校演讲比赛得了一等奖，打电话告诉妈妈。可能说得太快，她竟然听了个“我吃坏东西肚子啦”，拼命问我身体怎样，看她着急的，等知道我不是身体不好，是获奖了时，一声“不错”她就把我打发啦。自从她担任小学校长后就很少给我打电话。有一天我手机上显示一个未接的陌生座机号码，我还以为是某老师找我有事，打过去问“您好，刚才有人打我电话吗?”，她说“喂，您好，是我，邱向理打你电话”，呵呵，我俩忍不住笑起来……原来妈妈办公室电话换了，想告诉我呢。

我觉得我妈妈是很有生活情调的。记得高中有次考试让我“摔”得很惨，那时我情绪很低落。第二天妈妈出差了，什么也没跟我说，晚上放学回家我接到附近花店送来的一束鲜花，开始以为他们搞错了，后来看到签收单才敢相信原来是妈妈送给我的生日礼物，那天竟然是我的生日，妈妈竟然没有忘记！还在贺卡上写了鼓励我的话。

结语
心存希望

“将教育研究进行到底”

【访】 现在当校长忙起来喽，还有机会搞研究吗？

【邱】 忙，肯定是很忙的，学校规模在扩大，刚好遇上杭师附小要实施名校集团化办学，又开出了一个新的校区，还创办了“人格发展”研究所。“两校一所”，事情当然会更多。但是搞教育研究我是不会停止的，将教育研究进行到底！哈哈！

【访】 有了当校长的经历，再去考虑学科里面的东西应该和以前有所不同了吧？

【邱】 那是当然。以前嘛，只是一门学科，集中于数学教学的研究，现在我会更多地去考虑如何培养一个全面的人。事实上，我现在搞管理，对我的研究是很有好处的。觉得我现在的思路更开阔。我现在所有学科的课都听，发现了各学科教学中许多共性的东西，也发现小学各学科的整合的研究多么重要，包括学校的德育工作如何与各学科的教学有机结合。可惜呀，我们现在学校许多工作是有交叉的，包括各学科的教育教学，这是一种教育浪费现象。我作为校长，会去思考与研究的。当然，数学学科教学的研究还会继续深入下去，我相信我会站在另一高度去思考小学数学学科教学中的问题。

【访】看来今后会更忙啊。

【邱】还好吧，现在整个思路也出来了，框架也搭起来了。其实从开始调过来的时候，我就是这样一种态度，我对小学数学教育研究很感兴趣，其他无所谓的。走到现在，说实话我还不清楚这个路到底是怎么回事，但是有一点，我很感兴趣的是，我希望下到这个学校里，真正把教育研究在这样一个基地里面去实践。有的时候，我想，我要做一个教育研究家，但是呢，我又觉得自己现在很不够。比如理论水平、外语水平都没有基础，仅仅可能就停留在这样一个层面上。反正就是自己有多少能力就做多少事情呗，所以我也无所谓，每一个岗位我都喜欢，换一个岗位我也喜欢，你说教研室，我也喜欢，我也做得很有乐趣的。现在当校长了，我也觉得挺有乐趣的，反正都是一样的。可能有人会说："教研室多舒服啊，你跑到这里来！"那个意思好像我自讨苦吃一样，但是我说，你是不知道，我在教研室啊也很累的，每天做课题呀什么的，总停不下来，做这个做那个，总想把事情做好。所以，想把事情做好的人都是挺忙的。没有轻松的地方，但是呢，都是觉得非常快乐，幸福感还是有的。

访谈手记

尽善尽美是上天的尺度，而要达到这种尽善尽美的愿望，则是人类的尺度。追求完美的邱向理，从一个有心人做起，带着幸福的微笑，向着尽善尽美的目标前行。

附　录
邱向理教学实践与研究

教学案例

20以内进位加法

（第一课时）

教学目标

1. 从自己熟悉的生活背景中发现并提出20以内进位加法问题，提高将生活问题数学化的能力。体会所学的20以内进位加法与生活的联系，体会数学的价值。

2. 在发现多种计算方法的过程中，体会解决问题策略的多样性。

3. 在归纳、概括计算方法的过程中，提高对数学材料进行抽象的能力。

4. 在交流自己的解题思路的过程中，深刻理解“凑十”的道理，形成“转换”的数学思想方法。认真倾听、评价他人的意见。

5. 学会并熟练20以内的进位加法的计算技能。

教学过程

一、从情境中发现、提出20以内进位加法问题

师：2000年9月份在悉尼举行第27届奥林匹克运动会，我国运动员取得了优异的成绩。其中第一块金牌是射击运动员获得的。现在森林里的小动物们也想举办一次射击比赛。

瞧，这里的比赛正在紧张地进行着（课件演示：动物比赛后争吵着“我第一！我第一！”的情境）。

师：究竟谁第一呢？

（生看比赛成绩表）

动物	第一次成绩	第二次成绩	总成绩
小猴	9	5	
小兔	4	8	
小猫	8	7	
小熊	7	6	
熊猫	6	8	

生：小猴第一！

生：小猫第一！

生：9 +5 数字大，小猴第一！

生：7 +8 数字大，小猫第一！

[这时孩子们对突然出现在其面前的成绩表，进行了敏锐的观察，做出了迅速地识别，进行了综合的整体的判断，并且情不自禁地争论着。当然有些看法并不正确，但是，所有的学生都积极主动地参与了思考活动。因此，这样的情境、这样的提问，非常有利学生直觉思维能力的培养。]

师：大家的意见不一致，那么用什么公平合理的办法评判"谁第一"呢？

生：算算看。

师：大家同意吗？

生：同意。

师：怎么算？你能列式吗？

学生口答教师板演：

9 +5　　4 +8　　8 +7　　7 +6　　6 +8

[教师不马上评价学生的回答是否正确，在学生直觉判断后，立即引导学生反思哪种判断正确，教师在向学生渗透着"猜测——验证"的科学思想方法。而且，这样的处理，自然地使学生将情境中的问题与 20 以内的进位加法之间建立起联系，达到了培养学生在生活问题中发现并提出数学问题的能力。]

二、发现计算9+5=14的多种方法

1. 独立计算　　9+5=?（不会计算的可用学具摆一摆）。

2. 同桌交流计算思路。

3. 全班交流。

如：① 9+5=14　　② 9+5=14

　　 1 4　　　 4 5

　　 10　　　　 10

③ 9+5=10+5-1=14。

④ 因为9+2=11，所以9+5=14，等等。

［让学生充分暴露真实的思维过程，在此基础上实施教学，真正体现学生是学习的主体，教师是学生学习的组织者、引导者。并且，让学生在发现多种计算方法的过程中，体会解决问题策略的多样性，培养思维的流畅性、变通性。］

三、分析上述各种方法的特点，概括抽象“凑十”方法

师：大家已经算出小猴的总成绩是14环。而且，我们发现9+5=14可用多种方法来计算。下面我们来分析一下各种方法的特点吧！

生：第①和②里面都用加起来是10的方法（教师接着补充“凑10”）。第③10+5比9+5多一个，要减1的（教师接着补充“多加了要减的”）。

师：我们有没有发现这三种方法还有一个共同点？

生：（答不上）

师：它们都是把9+5变化成以前学过的算式9+1+4，4+5+5，10+5-1来算的。这是一种非常好的方法。

［这一小结非常重要，点出了“转换”的数学方法。］

师：我们发现第①、②种方法的共同点是“凑10”，再看看它们有没有不同点。

生：第①种方法中是从5里拿1和9凑10的，第②种方法是从9里拿5和5凑10的。

生：第①种方法是把小一点的数分开凑10的，第②种方法是把大一点的数分开凑10的。

师：你喜欢哪种方法凑10呢？

生：我喜欢分大数凑10，因为5+5=10很简单。

生：我喜欢分小数凑 10，因为分小一点的数容易。

师：用你喜欢的凑 10 法来计算一下小兔的总成绩好吗？

生：好！

学生思考后交流：

4 + 8 = 12
2 2
10

师：为什么都用分小数凑 10 了呢？

生：4 小一些，还是分 4 容易些。

生：8 和 10 的距离近一些，加 2 就是 10 了，还是分 8 简单些。

[学生能用“距离”这个词了，很不简单啊！看来，学生的头脑中已有了朦胧的“数轴”观念，将数与数轴上的点建立联系，产生数与数之间的“距离”的概念。]

师：计算时，选择哪种方法，应根据算式而定。

[与传统的教法相比，最大的区别在于：教学的重点不在于教学生怎样按教师事先编好的“凑十法”（即看大数、拆小数、凑成 10、10 加几），然后熟记这一方法。而是引导学生自觉经历对数学材料进行抽象的过程，体会自己发现各种方法的特点，让学生用自己喜欢的方法计算，在计算过程中体会方法的优点、局限性及普遍性，在抽象的过程中，不但培养了学生抽象逻辑思维的能力，而且深刻地理解“凑十”的道理、形成了“转换”的数学思想方法。]

四、形成“凑十”方法

1. 让学生用“凑十法”计算出其他小动物的总成绩（分组做题）

8 +7　　　　7 +6　　　6 +8

学生汇报计算方法及结果。

（课件演示，将结果填入成绩表中，给第一名的动物挂金牌）

2. 练一练

4 +7 =　　　　　7 +9 =

3. 说一说

说一说“凑十”的计算过程。

五、巩固应用、灵活迁移

1. 游戏（投飞镖比赛）

要求：

（1）每4人小组选一名运动员参加，其他三位做裁判员。

（2）比赛开始，运动员投镖，裁判员登记成绩，算出总分成绩，评出优秀投手，小组发奖，表扬优秀裁判。

［生动、活泼的游戏活动使孩子们兴奋了，每个人都非常关心着自己小组的比赛成绩，积极主动地参与计算。在游戏活动中，学生不但巩固了20以内的进位加法的计算技能，而且培养了组织、合作、交往的能力。］

2. 分层练习

［分层教学，更有利不同学习水平的学生都能在原有的基础上有所发展。让学生自由选择练习，把学习的主动权真正交给学生。］

游戏中计算全对的学生（自己选做一题）		游戏中计算有错的学生（与教师一起找错误原因后练习两题）
（1）口算后将算式分类 8 +3　　9 +3 9 +5　　9 +6 9 +7　　9 +8 7 +8　　6 +7	（2）研究题 13 = □ + □ = □ + □ = □ + □ = □ + □	6 + 8 = □　　9 + 7 = □ □□　　□□

3. 反馈

（1）做口算题的学生交流。口算后将算式分成两类：

第一类：9 +3 =12
9 +5 =14
9 +6 =15
9 +7 =16
9 +8 =17

第二类：8 +3 =11
7 +8 =15
6 +7 =13

生：一个加数都是9，另一个加数是5、6、7、8，从小到大，每次多

1 的。

生：答案是 14、15、16、17 也是从小到大，每次多 1 的。

师：再观察一下第二个加数与得数的个位有什么关系。

生：得数的个位总比第二个加数少 1。

师：你有没有办法，使 9 + 几很快算出来？

生：9 + 几等于十几，这个“几”比第二个加数小 1。这样算就快了。

师：这办法好吗？

生：好！

[对第一类算式找规律，目的是让学生应用规律提高计算速度。这样的讨论，虽然只是一部分学习水平好的学生在参与，但达到了“思维共享”的目。]

（2）做研究题的学生交流。

生：13 = 11 + 2 = 12 + 1 = 6 + 7 = 9 + 4 = 8 + 5。

师：还有其他的填法吗？谁能又快又不遗漏地写出来呢？如果有兴趣研究的话，请课后思考（下课时间到了）。

[从和出发想算式。完整地解这样的问题，学生需要具备如下能力：对数的分解能力、进位加法的逆向思考能力、有序思考能力。为学有余力的学生提供这样的学习材料，有利学生综合能力的培养。]

本节课在如下几个方面有新的突破。

第一，教学内容的组织。在第一课时中，9 加几、8 加几、7 加几、6 加几、5 加几、4 加几、3 加几、2 加几的算式都出现过。这样的设计是前所未有的，这样的安排是符合实际的。因为：（1）20 以内的进位加法的各种类型的算式，计算方法大致相同，不论是 9 加几还是 8 加几等等，学生都可以用如下几种方法计算，①用熟悉或已知算式得数，推出相邻的算式的得数；②用“凑十”的方法，转换成已学过的连加来算；③背口诀。学生一旦发现了方法，各种类型同时出现，并不会增加难度，反而可以让学生在用自己发现的方法尝试计算各种类型的算式过程中，体会方法的优劣。（2）从我们的调查结果发现，有 80% 的学生在学习前已经基本会计算 20 以内进位加法了。这些学生的学习重点是学会如何探索多种计算方法，如何交流自己的思路，进一步理解“凑十”的道理，形成“转换”的思想方法，等等。因此，将20以内进位加法的各种类型同时出现，这是可行的。

第二，差异教学的实施。不同的学生在知识、技能的掌握情况和学习能力上是存在着差异的，教师十分重视让所有学生的学习水平在原有的基础上都有所提高。在本节课中，采取了如下措施。

（1）互相影响。据调查，还有20%的学生在学习前，基本不会计算20以内的进位加法。让这些学困生与学优生一起参与发现、交流9+5=？的多种方法和抽象概括“凑十法”的学习活动，在活动中，即使学困生参与能力不强，但在这样的学习环境中，学困生会从学优生的思想中汲取有益的成分。反过来，在这样的环境中，学困生也有暴露思维的机会，让学优生进行分析、判断。这样有利于学优生与学困生互相影响，共同提高。

（2）分层练习。在巩固练习后，将学生分成两部分进行活动，一部分是计算出错的学生，另一部分是计算全对的学生。学优生不需要陪着学困生做较低层次的练习，可根据自己的能力，选择练习。学困生可得到教师的个别辅导。

（3）思维共享。虽然学困生没有时间和能力去研究较高层次的问题，学困生通过倾听学优生的交流，达到了“思维共享”的目的，拓宽了解题思路。同时，学优生锻炼了表达能力。

第三，重视学生“转换”思想方法的形成。以往，20以内进位加法的教学重点放在使学生掌握“凑十法”上，因此，在课的引入环节中往往会让学生复习“十加几”“9加几凑成十”“10以内数的分解”等知识，做好学习“凑十法”的铺垫。这样很容易使学生的思维受到约束，造成计算方法的单一。本节课，教师将教学重点放在让学生形成“转换”的思想方法上，因此，让学生尝试用多种方法计算9+5=？在探索多种方法的过程中，体会无论是“凑十法”还是用已知或熟悉的算式的得数推出新算式的得数，都是将新问题转化为能用已学过的知识技能解决的旧问题。从而，促进学生“转换”思想方法的形成，有利于学生思维灵活性、变通性的培养。

教学实录与反思

“立方体展开图特征”教学实录与反思

一、教学实录

课题：“立方体展开图的特征”（六年级（上））

学习者：杭州市崇文实验学校六（2）班学生

引导者：邱向理

教学过程：

（一）提出研究的问题

师：（出示图形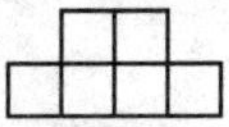）看到这幅图，你想到了什么？

生：像汉字“凸”。

生：像帽子。

生：我想到了领奖台。

生：我想到了手提包。

师：（出示图形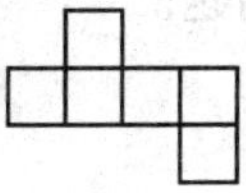）看到这幅图，你又想到了什么？

生：一把手枪。

生：水龙头。

生：立方体。

生：立方体展开图。

师：你们的想象力真丰富。请允许我提几个问题。

1. 刚才有同学说，第二幅图是立方体的展开图，那么第一幅图是立方体的展开图吗？

2. 所有的立方体的展开图都是这样（指第二幅图）的吗？

3. 看着这两幅图，你还能提出一些数学问题吗？

（学生说，教师板书）

生：6个小正方形组成的图形有哪些？

生：为什么第2幅图可拼成立方体而第一幅不行？

生：小正方形的公共边有几条？

生：立方体展开图有几种？

生：哪些图形能折成立方体？

生：立方体展开图的特征是什么？

生：6个小正方形能拼成哪些图形？

生：这个问题与第一个问题相同！

师：相同的我就不记在黑板上了。

（学生还在举手）

师：我相信如果再给大家时间的话，你们还有很多问题要提。因时间关系，暂时提到这儿，现在我们来分析一下这里的问题，哪些问题之间有联系？

生：第1个与第6个有联系。

生：我觉得这些问题都有联系。

生：第二个与第6个有联系。

生：第四个与第6个也有联系。

生：我发现这些问题都与第6个问题有联系！

师：有什么联系呢？

生：回答了第6个问题，就回答了第1个问题。

生：只要解决第6个问题就行了。

师：还有别的意见吗？

生：没有。

师：大家的意思是解决了第6个问题其他问题就迎刃而解了，第6个问题就是……

生：关键问题。

师："关键"这个词用得很好。那么谁能回答这个关键问题呢？

（沉默片刻）

生：立方体有6个面、8个顶角。展开图……

生：我认为能折成立方体的图应该是有6个小正方形的，有一个画有3个图形连在一起，不然不可能折成立方体，只有2个图形的肯定不可能。

生：没有听懂。

生：（沉默……）

师：这个问题你不知道，他也说不清楚，这样吧，我建议大家这节课就研究这个问题吧。

生：好！

（师出示课题“立方体展开图的特征”）

（二）研究立方体展开图特征

1. 讨论准备怎样研究

师：你们喜欢独立研究呢，还是小组合作研究？

生：（教师话音未落，许多学生迫不及待地说）小组合作。

师：有没有想独立研究的同学？请举手。

（没人举手）

师：好，老师尊重你们的意见，小组合作研究吧。

师：准备怎样研究展开图的特征呢？需要什么研究材料？请组内商量后全班交流一下。

第一组组长：我们准备先看立方体的展开图，再找到特征，然后归纳。

第二组组长：我们准备把展开图画出来，再研究。

第三组组长：我们的方法最保险，把由 6 个小正方形拼成的图都画出来，看哪些是可以折成立方体的，再研究它们的特征。

师：刚才他说了“保险”，这个词用在这里是什么意思呀？

生：安全。

生：可靠。

师：噢，他们的意思就是说把所有的由 6 个小正方形拼成的图形都观察分析一遍，得出的结果就可靠了。还有其他不同的研究方法吗？

第四组：我们与他们说得差不多，就不说了吧。

师：其他组呢？

第五组：我们也差不多。

2. 选择需要的研究材料与工具

师：我这里有由 6 个小正方形组成的图形，你知道这样的图形共有几个吗？

生：共有 35 个。

师：你是怎么知道？

生：在活动课时我们做过六方连的题。

师：这一袋里有 35 个不同的由六个小正方形组成的图形，共 10 套，剪刀10把，立方体纸盒10个。你们需要就领，不需要就不要领。请小组商量后由组长来领取。

（商量片刻后各组长选择领取研究材料）

师：在研究前老师还有一个建议，研究任务请在4分钟内完成，行吗？

生：行。

师：这么有把握！我相信你们有能力完成任务。

3. 学生研究

（教师巡视一周后参与一小组研究）

……

师：时间到了，怎么样，是否还要延长时间？

生：（大多数学生）不要了。

师：好，少数服从多数。不管是完成的还是没完成的，都停下来准备汇报。你要想一想，怎样汇报，同学们能听得懂。别人在交流时你要听好了，等别人说完了，我们要对他们的交流说自己的看法。准备半分钟吧！

4. 交流

第三组：我们组从两个方面研究的，一方面看不能折成立方体的有哪些特征，像这种有“田”字形（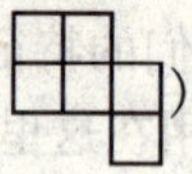）的一定是不能折成立方体的。另一方面像这种由这种三个是在一条上的（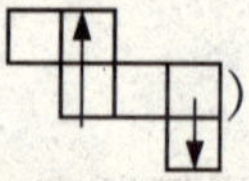），两端发散的，一定能折成立方体。

师：他们说的“发散”大家听懂了吗？

生：懂的，就是延伸。

生：他们组说的还不完整。

第四组：我们组研究的结果是这样的，像这样的（）四个为主干的，其他两个要分别在上下两边，上下的两个的位置可以左右移动。像这样的（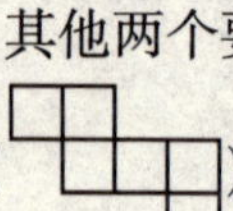）三个为主干的，但两个在一起的不与中间的拼成“田”字就可以了。

第二组：主干部分必须是四个以内的，如果主干是四个，就与第四组说的一样，主干是三个，就与第三组说的一样，主干是两个的只有一种（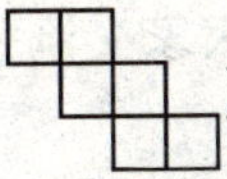），我们折过，它是立方体的展开图，这样一共有11种。

师：我有一个问题，“主干”是什么意思，我以为主干是指小正方形最多的一排是主干，那么现在都是两个呀？

生：因为都是两个，最多也是两个，还可以说是主干。

师：我听懂了，大家是否听懂了？

生：听懂了。

第六组：我们的结果别的组说过了。

生：我们认为第四组说得最全面。

师：那么我们把11种展开图全贴出来吧，请大家一起找。

四个为主干的共有6个。

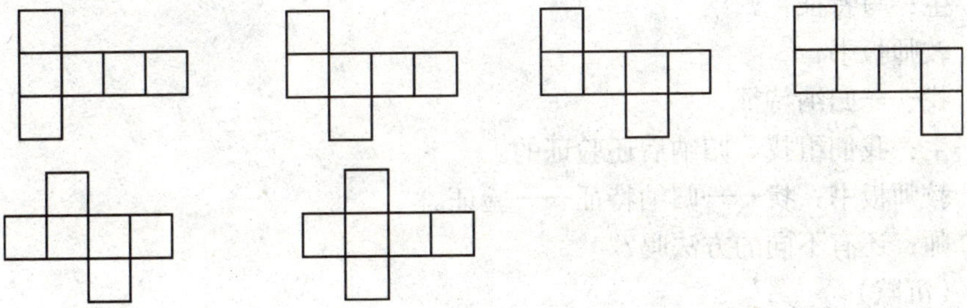

三个为主干的共有4个。

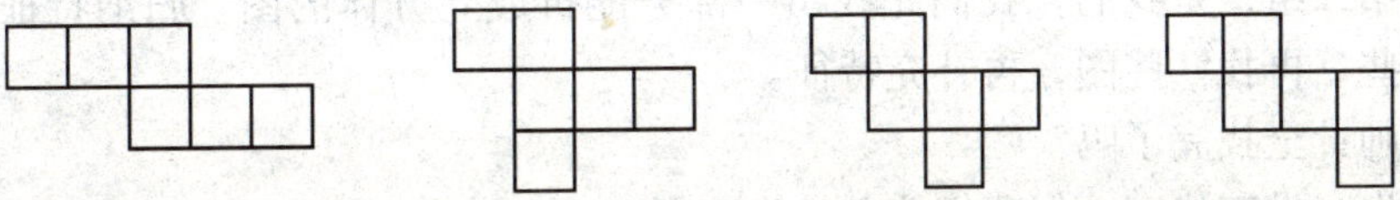

两个为主干的共有1个。

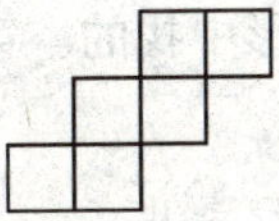

（三）反思研究的过程

师：大家非常能干，找出了11种，且归纳了特征。我们的研究基本成功了。同学们，我们对研究结果还有没有怀疑呢？

生：（大多数学生答）不怀疑。

师：老师有怀疑，不知道大家的研究过程是否合理？我建议大家交流一下吧！

第六组：我们把 35 个图分两份，一份是立方体的展开图，一份不是的。再找出是的一份的共同特征。

第四组：我们组与他们差不多。

第三组：我们组也是这样的。

师：我们能否用简单的几个字来概括他们的方法？

生：分——总结。

师：分类是为了什么？

生：找出能折成立方体的图形。还是用“找”好。

师：那我们用“找”吧。找了以后呢？

生：写特征，归纳。

教师板书：

找——归纳特征

生：我们组找、归纳后还验证的。

教师板书：找——归纳特征——验证。

师：还有不同的方法吗？

（沉默）

师：我好像看到过有一小组有不同方法，是哪个组呢？

第二组：是我们，我们先找出一部分能折成立方体的图，归纳特征，写了一些，再找一些图，再补充特征。

师：全找完了吗？

生：没有找完，但我们能归纳出来了。

师：这两种方法都是先“找”，这两个“找”有什么不一样的地方吗？

生：第一种是马上从全部图形中找的。第二种是分两次找的。

教师继续板书：

找（全部）——归纳特征——验证。

找（部分）——归纳特征——再找（部分）——再补充特征。

师：比较一下这两种方法哪种做起来快？哪种保险？

生：第一种慢，但可靠。第二种快一些，但不一定可靠。

师：我认为两种方法都可行。以后我们还会学到这两种都是归纳的方法。

根据实际情况选用的。

师：刚才有几个组在 4 分钟内没有完成任务，说一说，你们为什么没有完成，遇到了什么困难？

第五组：我们没有完成，我们组一开始在找图形时你让我，我推你的，后来就来不及了。

师：建议你们下次合作时先商量分工。

第一组：我们开始的时候没有商量好，有的说把图形剪出来折一折，有的说不要剪，只要看一看就可以了，争起来了，花了好长时间，后来来不及了。

师：互不相让会影响合作学习是吗？

生：（点头）

师：其实我们都是成功者，因为有的小组很快研究出了结果，有的小组虽然来不及做，但找到了原因，以便今后改进。老师为大家的成功而感到高兴。

（四）应用研究的成果

判断：现在能不能很快地判断哪些图形是立方体的展开图了呢？电脑出示：

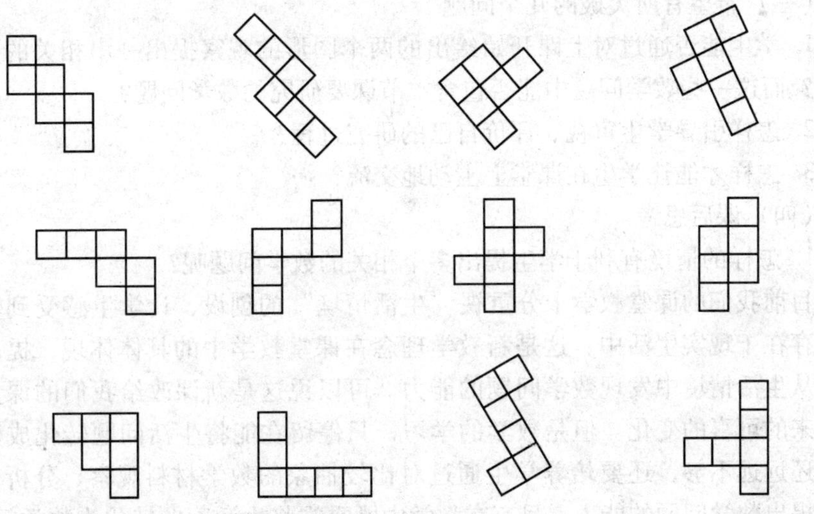

判断时学生对图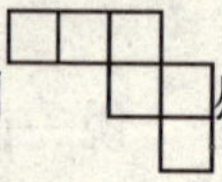感到困难。通过讨论很快地解决了问题。

二、本课设计意图

（一）设计理念

1. 让学生的“提问”与“交流”成为课堂的主旋律。

2. 让学生自主、合作地探寻问题的研究方法成为本课的主要教学目标。

3. 让学生审视、评价自己的学习过程成为本节课的主要学习任务。

（二）教学的目标

学生在五年级时已学过立方体的展示图，也学过由六个小正方体形成的图形，但没有学过立方体展开图的特征。本节课的教学目标：（1）发现立方体展开图的特征，并能以图形为例用自己的语言交流特征：能根据特征迅速判断各种由6个小正方形连接的图形中哪些是立方体的展开图。（2）会提出研究的问题，会确定探究立方体展开图的步骤与方法，会对自己研究的过程和结果进行审视和评价。（3）在合作学习的过程中会分工合作、清楚地交流自己的想法，会自觉地对同伴的观点进行评价。

（三）希望有所突破的几个问题

1. 学生能否通过对上课开始给出的两个图形的观察提出一串相关的数学问题？而这一些数学问题中能否包含本节课要研究的数学问题？

2. 怎样引导学生审视、评价自己的研究过程？

3. 怎样才能让学生在课堂上主动地交流？

（四）课后思考

1. 怎样的情境有利于学生提出多个相关的数学问题呢？

目前我们的课堂教学十分重视“生活情境”的创设，让学生感受到数学问题存在于现实生活中，这是新教学理念在课堂教学中的具体体现，提高了学生从生活情境中发现数学问题的能力。可以说这是新课改给我们的课堂教学带来的可喜的变化。但是数学的学习，只停留在能将生活问题转化成数学问题还远远不够，还要培养学生通过对比较抽象的数学材料观察、分析，进一步提出数学问题的能力。只有在教学中既重视将生活问题转化为数学问题，又重视对数学材料的观察、分析、抽象、概括进一步提出数学问题、解决数学问题，才能真正提高学生“数学化”的能力。“立方体的展开图特征”这一节，我创设了一个非常简单的学习情境，出示由6个小正方形拼成的图形，让学生想象、提问。结果学生提出了一连串的相关的数学问题，六年级学生提出数学问题的潜力是很大的。我们怎样开发这种潜力呢？我们创设怎样的情境有利于学生提出多个相关的数学问题呢？这是培养学生提出数学问题能力时值得研究的问题，也是培养学生自主、合作、探究学习能力时值得研究的问题。

2. 引导学生在众多的相关问题中找出关键的问题，是否能促进学生自主探究能力的培养呢？

学生由两个图形想到了这么多的问题，有的是学生能用已学过的知识或方法解决的问题，有的是学生目前还不能回答与解决的问题。面对这么一大堆的问题，我们先解决什么问题呢？选择关键问题先解决，这也是一种解决问题的策略啊。当学生提出许多问题后，我进一步引导学生找出问题之间的联系，发现其中的关键问题。建议今天这节课就来研究这一个问题。这样的设计我的用意在于：（1）让学生感到今天要研究的问题是学生自己提出的，因此要承担起完成研究任务的责任。（2）让学生体会到当自己面对许多问题时，需要对这些问题进行分析，发现问题间的联系、找出关键问题先研究。其实，在实际生活中还有其他的情况，如有时不能直接解决关键的问题，可能得先解决类似的问题，然后用类比的方法来解决关键的问题，等等。那么，自主探究能力中是否应包含选择研究的问题的能力呢？

3. 教师的引导是否要围绕本节课的教学目标进行呢？

本节课在开始时，让学生看图展开想象（这时的教学完全是开放的，任学生怎样想象）。当学生想到“立方体展开图”时，我先向学生提出了两个问题？一下打开了学生提问题的思路（这时的教学开始收敛了，学生也就围绕“立方体及展开图”这方面提出问题）。我也尝试过，让学生看图提问时，不加以任何引导，学生提出了如下问题：这两个图形怎样移动小方块后就变成一样了？这些方块的颜色的几种不同的变化？第一幅图怎样移动小方块就是正方体的展开图了？……学生提的问题同样也很多，但不集中，不容易提出今天要研究的问题：立方体的展开图的特征是什么？也不利于在诸多问题中找联系（如果教学目标仅仅是让学生能提出问题，那么在学生提问前教师就不需先提出问题以作引导）。教师的引导应该是以学生的思考、体验为基础的，同时也应该是围绕教学目标进行的。

4. 审视、评价研究过程是否成为探究的一个重要环节？

这节课的展开部分有四个环节：环节一，思考与交流准备怎样研究？需要什么研究工具？环节二，分组研究。环节三，交流研究结果。环节四，反思研究过程。本节课学生分组研究的时间只有 4 分钟，最后我并没有要求学生能完整地叙述什么是立方体展开图的“特征”，只要学生能观察图形，通过对图形分类，解释分类的标准。而这个标准学生说得并不严格，学生能互相理解同伴的交流，这就可以了。但我放了十几分钟的时间引导学生思考自己的研究过程与方法的合理性，总结成功与失败的经验与教训。自主探究学习的主要特征之一，就是学习者探究过程中能对认知活动进行自我监控，并做出相应的调适。我这样设计的用意就在于培养学生针对自己学习过程进行观察、审视和评价的习惯与能力。同时通过对研究方法的总结、评价，发展学生的各种思考策略和学习策略。那么，审视、评价自己探究过程，能否成为探究课的必不可少的教学环节呢？

5. 教师做到保证时间、营造环境、迟缓解答、及时鼓励，这样能否促进学生主动交流？

课堂上我们常常见到的是师生之间的一问一答式的交流，这样的交流对学生来说还是被动的交流。主动交流是学生自主、合作、探究式学习的一种具体表现。怎样才能引起学生主动地交流呢？我认为，第一，学生对某一问题应有充分的思考时间。第二，学生有准备发言（梳理交流内容）的时间。第三，要有一个宽松的交流环境。第四，要保证充足的交流时间。第五，教师只“抛球”不“接球”（学生往往在发言中将目光投向教师，期望教师对自己的发言做出评价，这时教师用期待的目光暗示全体同学参与评价就是了，等学生自己真正没法解答或没法评价时，教师再加以引导）。第六，要及时鼓励学生主动“抛球”与“接球”。本节课我在组织学生交流活动方面也做了尝试，从课堂实录中可以看到，有几个片段只有学生与学生的主动对话，没有或者很少有教师的发言，学生的交流是那么的主动、自然。这也是学生自主、合作、探究学习的具体表现吧！当然，这并不排除教师作为学习共同体中的一员参与交流。那么，教师的发言应在学生交流的基础上进行点评，引导学生抓住学习重点、突破学习难点，进一步鼓励学生交流，帮助学生规范数学语言等。

教学案例与评析

“两位数乘一位数”教学及评析

邱向理：设计、执教　张天孝：评析

教学内容

新编六年制《现代小学数学》第四册。

教学目标

1. 让学生经历发现两位数乘一位数的口算方法的全过程，体验两位数乘一位数的口算方法的多样化。

2. 通过比较各种方法的优点和不足，寻找最佳方法，训练学生掌握优化策略的思想方法。

3. 学会两位数乘一位数的口算方法。

4. 能将两位数乘一位数的口算方法迁移到多位数乘一位数（实质上是两位数乘一位数）、多位数除以一位数和多位数除以两位数的计算上。

教学过程

一、提出问题（12×4=？怎么算）

师出示教材主题图（图略）要求学生看10秒后说说图中有什么。

师：（在学生回答的基础上）我们会不会看图编一些乘法算式呢？编出来后能不能说说算式的意义呢？

生：会！（纷纷举手回答）

生：一棵树上长了果子，左边有3个，右边有3个，一共有几个？算式：3×2。

生：3棵树，每棵树上有6个果子，一共有多少个果子？算式：6×3。

生：岸上有3只鸭，河里有3只鸭，一共有几只鸭？算式：3×2。

生：有3束花，每束有5朵，一共有几朵？算式：5×3。

生：牌子上画了4堆苹果，每堆12个，一共有几个苹果？算式：12×4。

师：你们会计算哪些算式？

学生口算，教师板书。

师：（指着12×4=48）为什么这道题算得这么慢，甚至有的同学还不会算呢？

生：没有学过。

师：我们已经学过哪些乘法了呢？

生：我们只学过整十数乘一位数和一位数乘一位数的乘法。

师：会算的同学能不能将自己的计算方法告诉大家？不会算的同学能不能想办法用已学过的知识和方法把这道题算出来，然后把自己算的方法也告诉大家？

评：本节课要解决的新问题不是教师简单地给出问题，使学生"被迫地"为教师工作，而是学生在自己编题的过程中编出来的，这就能使学生感到所面临的的确是自己的问题，应主动承担起解决问题的职责。

二、寻找方法（12×4不同的口算方法）

1. 教师提出学习活动要求。学生先独立思考，再四人小组交流，最后由组长或组内推荐的一位代表向大家汇报。

2. 学生活动，教师巡回了解学习情况，参与学习比较困难的小组的讨论并进行指导。

3. 汇报。学生口述，教师板书。同时要求学生认真倾听别人的意见，用手势表示自己是否同意别人的观点。

$$12\times4=48$$

（1）$12+12+12+12=48$

（2）$\begin{array}{r}6\times4=24\\ 6\times4=24\\ \hline 12\times4=48\end{array}$　（3）$\begin{array}{r}10\times4=40\\ 2\times4=8\\ \hline 12\times4=48\end{array}$　（4）$\begin{array}{r}8\times4=32\\ 4\times4=16\\ \hline 12\times4=48\end{array}$

（5）$\begin{array}{r}2\times4=8\\ 10\times4=40\\ \hline 12\times4=48\end{array}$　（6）$\begin{array}{r}6\times4=24\\ 24+24=48\end{array}$　（7）$\begin{array}{r}7\times4=28\\ 5\times4=20\\ \hline 12\times4=48\end{array}$

评：组织学生合作发现不同的方法，让学生体验口算方法的多样化，锻炼学生发散思维。

4. 方法归类。

师：我们能用那么多的方法来计算 12 乘 4 等于多少，真能干！我们能不能分析一下各种算法的特点，然后将各种方法归类呢?

在教师的引导下，逐个分析，然后学生将方法分成如下几类。

口算方法；

连加［第（1）种)］；

拆两位数［第（2）（3）（4）（5）（6）（7）种］。

师：我们来观察第（2）（3）两种方法，它们都是拆两位数的方法，比较一下，它们还有什么不同吗?

生：一个是拆成两个一位数乘一位数的，另一个是拆成整十数乘一位数和一位数乘一位数的。

学生说教师补充板书：

拆成两数｛拆成整十数和一位数
拆成两个一位数

师：我们能把第（2）（3）（4）（5）（6）（7）这几种方法再归类吗?

生：第（3）（5）为一类，第（2）（4）（6）（7）为一类。

师：我们发现的计算 $12\times4=48$ 的口算方法可以说有三种：①连加；②把两位数拆成整十数和一位数，分别乘以 4，再求两个积的和；③把两个数拆成两个一位数，分别乘以 4，再求积的和。你喜欢哪种方法?

生：第一种。

生：第二种。

生：第三种。

评：教师在学生发散思维训练的基础上及时营造思维的聚合情境，让学生通过评价、归类，总结出三种方法，从而训练聚合性思维。学生的创新思维实质上是发散性思维和聚合性思维共同参与的过程，因此，这样的设计有利于学生创新思维的发展。

5. 发现最佳方法。

师：我们现在来编两位数乘一位数的算式，然后用自己喜欢的方法计算。

学生编题教师板书。

评：让学生自己编题，然后选择方法解决问题，把学习的主动权交给学生。

出示学生编的题：17×3，34×6，20×4，24×4，23×3，87×7，99×9。

师：你们认为哪些题比较简单？

生：17×3，20×4，23×3。

生：24×4 也比较简单。

师：20×4 以前学过，一起口算一下。

师：我们选出的比较简单的题还剩下 17×3，24×4，23×3 没有计算出来，我们先算这些简单的，再学难的好吗？

生：好。

师：先各自选择一题用自己喜欢的方法计算，再四人小组交流，最后选出最简单的方法向全班同学汇报。

学生活动，教师巡回并参与学习困难的小组讨论并进行指导。

汇报（要求汇报时，相同做法不重复说）。

第一组：

17×3=51　　因为 10×3=30
　　　　　　　　7×3=21
　　　　　　所以 17×3=51

24×4=96　　因为 20×4=80
　　　　　　　　4×4=16
　　　　　　所以 24×4=96

23×3=69　　因为 20×3=60
　　　　　　　　3×3=9
　　　　　　所以 23×3=69

第二组：

17×3=51　　因为 7×3=21
　　　　　　　　10×3=30
　　　　　　所以 17×3=51

17×3=51　　因为 9×3=27
　　　　　　　　8×3=24
　　　　　　所以 17×3=51

（其他组没有不相同的做法）

师：为什么都不用连加？

生：连加比较繁。

师：为什么 23×3 和 24×4 都不用拆成两个一位数的方法做？

生：因为只有十几的数才能拆成两个一位数。

师：那么计算两位数乘一位数时，一般用哪种方法最合适呢？

生：将两位数拆成整十数和一位数，分别求积，再求和最合适。

师：我们就用这种方法计算两位数乘一位数吧。

评：得出三种方法后，教师为学生提供了体验、认同最佳方法的合理性和简单性的机会，而不是“居高临下”地指挥学生必须选择哪种方法去计算。

三、应用巩固

1. 填空。

40 ×2 = □	30 ×3 = □	20 ×4 = □	10 ×5 = □
3 ×2 = □	2 ×3 = □	4 ×4 = □	9 ×5 = □
43 ×2 = □	32 ×3 = □	24 ×4 = □	19 ×5 = □

2. 看算式计算。（先说答数，再说过程，然后出示过程）

60	80	160
(1) 27 × 3 = 81	(2) 12 × 8 = 96	(3) 22 × 8 = 176
21	16	16

20 ×3 =60

7 ×3 =21

评：从（1）出示思维的整个过程，到（2）（3）出示部分积，到最后只出现乘法算式（将出示的过程擦掉），这一过程其实是学生具体感知——建立表象——抽象思维的过程。这样的设计有利于学生方法的形成和思维的发展。

3. 比较（2）与（3）有什么不同，说说计算时应注意什么。

4. 计算。

（1）37 ×2 =　　16 ×6 =　　28 ×3 =

（2）34 ×6 =　　87 ×7 =　　99 ×9 =（前面学生自己编的题）

评：这样的设计让学生体验用自己发现的方法，不但解决了简单的题，而且解决了难题。这时学生有一种成功的体验。

（3）23 ×3 =　　25 ×5 =

230 ×3 =　　125 ÷5 =

2300 ×3 =　　125 ÷25 =

四、小结

师：这节课我们主要讨论了什么问题？你学到了什么？

生：这节课主要讨论了两位数乘一位数的口算方法。

生：我知道了计算一个题目可以用多种方法，但要选最合理的方法去做。

师：是啊，我们在解决一个新问题时，要尽量想办法用已学过的知识和方法去解决。想到一种方法后，不要满足，再想想有没有其他的方法，然后在多种方法中寻找最合理的方法。

评：通过小结，对学生进行学习方法指导，有利于提高学生的学习能力。

总评：

1. 学生在教师的引导下，用已有的知识和技能作有效的迁移，获得解决新问题的多种方法。在此基础上教师又引导学生对多种方法进行归类、评价，然后选择合理的方法解决问题。教师力图通过教学活动向学生展现“活生生的”数学研究工作，而不是死的数学知识。

2. 教师在努力探索一种新型的计算教学模式。本节课设计了这样的教学环节：设计情境，提出问题——独立尝试，灵活迁移——合作交流，一题多解——评价体验，归类选择——基础训练，形成技能——举一反三，触类旁通。这样的课堂教学，有利于学生在获得基本数学知识和技能的同时，在情感、态度、价值观和一般能力等方面得到发展。

调查报告

关于一年级学生“20以内进位加法”学前基础情况的调查报告

一、研究背景

20以内进位加法，是小学一年级第一学期的一个重要的学习内容，因此，对20以内进位加法教学的研究，也备受小学数学教学研究人员的关注。首先，体现在教材的编排上，不同的教材有不同的编排体系，其次是20以内进位加法的计算方法教学各不相同。如：人民教育出版社、浙江教育出版社、江苏教育出版社、河南教育出版社出版的小学数学教材的加、减结合教学，按9加几（十几减9）、8加几（十几减8），7加几（十几减7），6加几（十几减6），5，4，3，2加几（十几减5，4，3，2）编排。进位加法采用“看大数，拆小数，先凑10，后加几”的方法，退位减法采用“想加算减”的方法。

上海教育出版社出版的小学数学教材加法和减法分开教学，计算方法与人教版教材相同。

北京师范大学出版社出版的《义务教育课程标准实验教科书》，实际问题引入，鼓励算法多样化，加、减结合教学。

日本（启林馆），加法和减法分开教学，教材通过图示引导学生想计算方法。

也有研究者，采用“先学会同数相加口诀，通过直觉推理，然后构造加法表”的方法，引导学生学习20以内进位加法。

通过分析国内外的教材，我们发现各种教材编排不同，教法不一，各有所长，对学生的学习都不同程度地产生了较大的促进作用。但21世纪的小学生的生活背景，知识技能获取能力，思维水平等方面，较以前的学生，有了较大的变化。学生在学习“20以内进位加法”前的基础情况和经验背景究竟如何？我们在2000年11月、2001年11月，进行了两轮调查研究。

二、研究对象和研究方法

调查对象：第一次抽取使用浙教版的5所学校一年级的5个自然班和使

用《现代小学数学》教材的5所学校一年级的5个自然班，共684人。第二次抽取使用《现代小学数学》教材的2所学校（一个区普通学校，一个区实验学校）一年级8个自然班的学生；使用浙教版教材的学校的1所区实验小学一年级的4个自然班；使用人教版教材的1所学校一年级的3个自然班，共470人。两次共14所学校一年级25个班，1154人。

调查方法：主要采用调查法和实验法。通过团体测试、问卷、访谈，了解学生学习20以内进位加法前计算能力、解题策略等情况（测试卷见附录1，学生问卷见附录2，学生访谈提纲见附录3）。

调查时间：第一次在2000年11月7日下午，第二次在2001年11月7日下午。按教材编排要求，距学习“20以内进位加法”还有近一个月时间。

三、调查结果

（一）关于学生学习20以内进位加法前计算情况的调查结果

表1：20以内进位加法题通过率情况表

总人数：684人　总题数：40题　测试时间：2000年11月7日

做对题数	做对人数	占总人数百分比
40	196	28.65
30～39	350	51.17
20～29	65	9.50
10～19	60	8.77
10题以下	10	1.46
都不会	3	0.44

注：测试时间限5分钟。（下同）

表2：20以内进位加法题通过率情况表

总人数：470人　总题数：40题　测试时间：2000年11月7日

做对题数	做对人数	占总人数百分比
40	172	36.60
30～39	180	38.30
20～29	58	12.34
10～19	51	10.85

续表

做对题数	做对人数	占总人数百分比
10 题以下	5	1.06
都不会	4	0.85

表 3：20 以内进位加法题的通过率情况表

总人数：470 人　总题数：36 题　测试时间：2001 年 11 月 7 日

题目	通过率（%）	题目	通过率（%）	题目	通过率（%）
9+2	98.02	8+7	92.21	6+8	71.9
9+3	96.23	8+8	81.03	6+9	65.53
9+4	97.44	8+9	58.51	5+6	96.08
9+5	91.06	7+4	68.72	5+7	82.34
9+6	84.89	7+5	71.70	5+8	68.51
9+7	64.68	7+6	69.79	5+9	78.72
9+8	65.74	7+7	74.04	4+7	70.85
9+9	84.04	7+8	70.21	4+8	82.55
8+3	75.32	7+9	44.68	4+9	50.85
8+4	94.74	6+5	74.89	3+8	63.40
8+5	73.83	6+6	92.34	3+9	95.28
8+6	87.70	6+7	80.31	2+9	82.77

表 4：男女生计算正确率的情况对比表

正确题数	占男生总人数的百分比	占女生总人数的百分比
36	18.5	10.9
30～35	22.2	21.7
20～29	25.9	26.1
10～19	24.1	23.9
1～9	9.3	17.4

表5：男女生计算速度差异情况统计表

	做题平均数	标准差	方差	Z值	P值
男	28.93	10	100	0.2941	>0.05
女	28.58	9	81		

表6：男女生计算正确率差异情况统计表

	正确题平均数	标准差	方差	Z值	P值
男	27.42	10	100	0.5782	>0.05
女	26.87	4.44	19.66		

（二）关于学生学习20以内进位加法前计算方法情况的调查结果

表7：学生计算方法调查统计表

	凑十	推理	数数	背口诀	珠心算	说不出理由或不会
占总人数的百分比	30.00	15.00	15.14	17.86	7.14	17.86

表8：学生计算水平调查表

	一级水平	二级水平	三级水平	四级水平
占总人数的百分比	39.34	13.19	38.48	7.98

一级水平：扳手指、机械地背口诀。

二级水平：熟记某几个算式然后推理。

三级水平：用凑十的方法，转换成已学过的连加题。

四级水平：能用多种方法计算，并能灵活运用方法。

（三）关于学生学习20以内进位加法前“凑十”的数感测试情况

表9：“凑十”的数感测试情况表

	数感题1	数感题2
正确率（%）	94.15	93.20

表 10：数感题的解题策略调查情况表

	解题策略	占总人数的百分比
数感题 1	逐个计数	24.32
	半按群计数	10.82
	圈十按群计数	21.62
	看图列加法算式用凑十法计算	51.35
	不会	0
数感题 2	逐个计数	27.03
	半按群计数*	10.82
	圈十按群计数**	16.22
	看图列加法算式用凑十法计算	54.02
	不会	0

*在做看图填数题时，先看左边，按群计数，找出第一个加数，然后看右边，根据第一个加数，逐个往下数，数到几，和就是几。

**十个圈一组，再想十加几，就是十几。

（四）关于学生应用能力的调查情况

有 56.76%的学生能正确地解答情境题。

表 11：学生解情境题策略的调查情况表

	猜测说不出理由	比较数字大小	列加法算式计算
占做对人数的百分比	18.92	24.32	56.76

表 12：学生应用 20 以内加法的经验调查情况表

	人数	占访谈人数的百分比
数学课上、考试、作业时用到	66	64.71
买东西、炒股、跳绳记数、算钱等	32	31.37
不会举例	4	3.92

访谈问题：你认为什么时候用到这种加法（指 20 以内进位加法）？

访谈人数 102 人。

（五）关于学生对题目不同形式的兴趣调查情况

表13：学生对不同形式的题目的兴趣调查表

	计算题	数感题	情境题
占总人数的百分比	21.6	32.4	51.4

表14：学生喜欢不同形式题目的理由调查表

	简单	有趣	有挑战性
占总人数的百分比	48.6	45.9	10.8

四、结果分析

1. 学生在学习20以内进位加法前已掌握一定的计算技能，但差异较大

从表1、表2可以看出，20以内的进位加法题，一题都不会算的学生不到1%，因此绝大部分学生已具有计算技能，但差异较大。综合表1、表2的数据，我们发现约31.88%的学生已能熟练地进行计算，达到了《数学课程标准》提出的8～10题/分的速度。约45.93%的学生能较熟练地进行计算，达到5～8题/分的速度。约20.28%的学生会计算，但不熟练。约1.9%的学生不会计算或基本不会计算。

2. 20以内进位加法的36式，对学生来说难易有别

从表3可以看出：

（1）含7的算式正确率相对较低，其次是含6的算式。

（2）同数相加时，较大数比较小数的正确率要低。

（3）一个加数大于5，一个加数小于5的算式，两数距离较远的正确率比两数距离较近的正确率低。

（4）较小数为第一加数的正确率比较大数为第一加数的正确率要低。

3. 学生在学习20以内进位加法前计算能力没有明显的性别差异

从表4可以看出，能熟练计算的学生中男生比女生多，不会或基本不会的学生中女生比男生多。因此，男生学习20以内的进位加法的基础略优于女生。从表5、表6可推断，在学习20以内进位加法前，计算速度和正确率无明显的性别差异。

4. 学生的计算方法多样，但以"背口诀"和"凑十法"为主

通过个别访谈，学生的计算方法大致有如下几种。

（1）用同数相加的得数，推出相邻的算式的结果。

如：5+5=10 推出 5+6=5+5+1=11；6+6=12 推出 7+6=6+6+1=13。

（2）用10加几等于几，推出9+几等于几或8+几等于几。

如：10+5=15 推出 9+5=10+5-1=14 或推出 8+5=10+5-2=13。

（3）用凑十的思想，将算式转换成已学过的连加式。

①拆小数凑十；如9+4=9+1+3=13。

②拆大数凑十；如9+4=3+6+4=13。

③二五凑十；如7+8=2+5+5+3=15。

④背口诀（个别学生用熟记的口诀计算）。

⑤珠心算（想算盘，空拨珠）。

从表7、表8可以看出，学生在正式学习20以内进位加法前，计算方法主要以“凑十法”和“背口诀”为主，并用这两种方法的人数基本接近。从表8中可以看出三级水平和四级水平的人数占46.4%，这些学生能用“凑十”的方法将20以内进位加法转换成已学过的连加题计算或者能灵活运用多种方法计算。这部分学生在计算时已具有较强的“转换”“重组”能力。而用推理、背口诀等方法进行计算，有很大的局限性。从表8中可以看出达到一、二级水平的学生占总人数的52.53%，这些学生是用扳手指、机械地背口诀、熟记某几个算式然后推理等方法进行计算的。因此，在20以内进位加法教学时，让学生在学习“凑十法”的过程中，形成“转换”“重组”的思想方法是十分重要的。

5. 学生解题时“凑十”的自觉性，直观的数感题优于两数相加式题

从表9、表10可以看出，学生解直观的数感题时，用“圈十”的方法计数和看图列式用凑十法计算的学生占70%左右，而式题计算时，会用凑十法计算，有46.46%。因此，对尚未掌握“凑十法”的学生来说，直观的“圈十”和用连加算式展示“圈十”过程的训练是必要的。

6. 半数学生对加法意义的理解能力和应用能力较强，并且解题策略多样

从表11中看出，通过测试，56.76%的学生会用列加法算式正确解答情境题。因此，这部分学生在学习20以内进位加法前对加法意义的理解较为深刻，应用能力较强。从表11可以看到，学生解题策略多样，但以列式计算为主。有24.32%的学生能通过比较两个加数的大小来解题，有18.92%的学生通过猜测解题，这两部分学生的数感较强，直觉思维和整体分析能力较强。

7. 学生在具体情境中发现加法问题的能力较强，但将20以内进位加法应

用于生活的经验缺乏

从表12可以看出，只有31.51%的学生已真正有了用20以内进位加法的生活经验。尽管半数以上的学生在解答具体情境题时，能将生活问题转化为数学问题，但大部分学生只知道在数学课上会用到这些数学知识。因此，在教学时，将数学知识置于多种形式的、学生熟悉的生活情境中，是非常必要的。

8. 半数学生喜欢做生动、有趣的数学情境题，不喜欢做单调的式题

从表13、表14可以看出，喜欢情境题的学生占51.4%，学生以“喜欢做情境题”意见为主，主要原因是有趣、有挑战性。只有21.6%的学生喜欢式题主要原因是简单、会做，有成就感。

五、思考与建议

1. 关于教材编排的课时安排

教材可采用加、减分开教学的编排方法，在学完退位减法后再安排“加法和减法”，感知加法与减法之间的关系，进一步巩固20以内进位加法和退位减法。

20以内进位加法共4课时：

第一课时，让学生在熟悉的生活背景中提出数学问题（9+5=？8+5=？4+8=？7+8=？4+9=？7+4=？）；在解决问题的过程中，发现多种计算方法；在多种方法的交流、认同过程中形成“凑十”的思想方法。

第二、三课时，设计了多种形式的练习，在培养计算中的思考能力（转换能力）的过程中进一步巩固计算技能（第二课时重点巩固9+几和8+几，第三课时重点巩固7加几和6加几）。

第四课时，在编题、填表、整理、探索规律等活动中发现20以内进位加法各题之间的内在联系，系统、完善20以内进位加法知识结构，同时熟练计算技能、灵活迁移（以上四课时均有教学实录及评析，见附录4）。

在练习设计时，应多出现如下几方面的题目：

（1）含7的算式，其次是含6的算式。

（2）同数相加时，较大数比较小数的算式多出现。

一个加数大于5，一个加数小于5的算式，两数距离较远的的算式。

（3）较小数为第一加数的算式。

2. 关于教材内容的呈现形式

应重视从学生原有的基础出发；重视将知识置于学生熟悉、生动的生活背景中，创设发现数学问题的条件；重视提供多种算法交流的机会；重视提

供各算式之间内在联系容易发现、沟通的材料。

3. 关于教材实施的建议

应重视差异教学，使不同水平的学生在原有的基础上都有所发展，同时保证基本技能的掌握（单元结束时，计算速度能达到 8~10 题/分）。

应重视“转换”思想方法（凑十、等量代换等）的形成过程的展示。

重视计算中思考能力的培养；重视知识的应用和迁移。

重视生活情境的创设和游戏的设计。

在重视算法的多样化的同时，注意引导学生对计算方法的灵活性、合理性的评价。

附 1：测试卷；

附 2：学生问卷；

附 3：访谈提纲及记录（部分）；

附 1：测试卷

班级__________　姓名__________　性别__________

一、计算下面各题

9+2=	7+8=	4+9=	7+7=
6+8=	6+6=	9+5=	3+9=
7+9=	4+8=	8+6=	6+7=
5+9=	9+6=	8+9=	9+9=
8+3=	8+5=	6+5=	9+7=
4+7=	7+5=	5+8=	7+6=
3+8=	5+7=	2+9=	8+4=
9+4=	9+8=	8+8=	9+3=
8+7=	7+4=	6+9=	5+6=

做这样题目的方法，你是从哪儿学的？（只能在一个方框中打√）

□幼儿园老师教的。

□书上看来的。

□爸爸、妈妈、叔叔、阿姨教的。

□外面老师教的。

二、看图写数

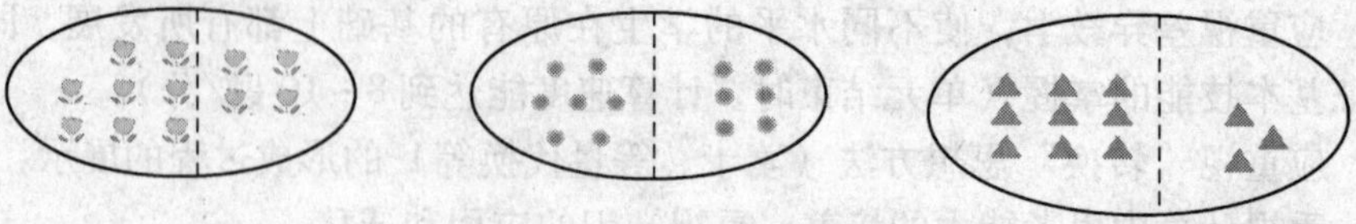

一共有（　　）朵花　　一共有（　　）个●　　一共有（　　）个▲

三、看图回答问题

两次投篮之后，谁是第一名？

指导语

1. 计算题的指导语

小朋友，下面的题目是要在一定的时间内完成的。

老师说“准备”时，小朋友就拿好笔。

老师说“开始”时，小朋友就开始做。

老师说“停”时，小朋友就停笔，把纸翻过来放在桌角上。

2. 数感题指导语

教师读题：请小朋友仔细观察图，然后在括号里填上正确的数。

3. 情境题的指导语

小朋友看看图上画了什么？这些小动物在干什么？请用手指着小象，我们一起来看看小象说了句什么话呢？小兔呢？小熊呢？乌龟呢？（教师可以告

诉学生）

小象说："我第一次投了6个，第二次投了7个。"

小兔说："我第一次投了2个，第二次投了9个。"

小熊说："我第一次投了8个，第二次投了4个。"

乌龟说："我第一次投了7个，第二次投了7个。"

现在，请你想一想：四个小动物各投了两次以后，谁是第一名？在第一名的小动物身上个"√"。

附2：学生问卷

问题1：计算题、数感题、情境题你喜欢哪一种题目？为什么？

问题2：说一说数感题、情境题思考过程是怎样的？

问题3：计算策略访谈。

调查对象（性别）	题目	一级水平（扳手指、机械背口诀）	二级水平（熟记某几个算式然后推理）	三级水平（用凑十法思想，转换为已学过的连加题）	四级水平（多种方法计算，并能灵活运用方法）	情况记录
	9+2					
	7+6					
	4+8					
	9+2					
	7+6					
	4+8					

附3：访谈提纲及记录（部分）

师：9+2这道题目你是怎么想的？
生：我是这样想的：9+1=10，2-1=1，10+1=11。
生：9+1=10，10+1=11。
生：左边有9个，右边有2个，借过1个，合起来就是11个。
生：9比10小1，2比1大1，2分成1和1，9+1=10，10+1=11。
生：9后面是10，10加1是11。
生：9比10少1，10加1就等于11。
生：本来有9个苹果，再加上2个苹果，等于11个苹果。
生：2拿出一个就是10，再拿出一个就是11。
生：9加1等于10，再加1就等于11了。
生：9加2，退8进1（珠算口诀），9加2等于11。
生：9里面加上1就是10，再加上1是11。
生：9加1是10，9加2是11。
生：9个加上2个就是11个。
生：9满十还差1，2给9一个1就是10，再加上1就是11。
生：2分成1和1，9+1+1=11。
生：9、10、11（数数）。
生：9+1+1=11。
生：全部是猜的。
生：9离10只差1个，就用2其中一个数字1补给9。2剩下1个，再用1加10。那么就等于11。
生：11可以分成9和2，9加2就等于11。
生：手指有10个，9个还差。把2个里的1个算进去，再数一个就是11。
生：就等于11。不知道了。
生：把9看成10，10加2等于12，减掉1就是11。
生：9加两个（数手指）10、11，是11。
生：想以前做的题，就知道了。
生：11-1-1=9，9加2就等于11。
生：心里数的，2个2个数的。

生：用珠心算。

师：7 +6 你是怎么想的?

生：7 加 7 等于 14，14 再减 1 等于 13。

生：7 加 7 等于 14，7 加 6 比 14 少 1 个，所以 7 加 6 等于 13。

生：本来有 10 个苹果，可是 10 个苹果要差 3 个才是 7 个苹果。7 +6 为什么是 13 呢？因为，7 +6 本来就等于 13。13 是总数，7 和 6 是部分数。

生：我不会做。

生：7 加 6 等于 13，我背下来的。

女：9 +4 =13，7 +6 =13。（边算边一个一个地嘀咕着）

生：6 +6 =12，7 +6 =13。

生：6 +6 =12，再加上 1 就等于 13。

生：7 个加 6 个等于 13。

生：7 后面刚好是 8，9，10，11，12，13，6 个数字。

生：6 拿出 3 个给 7 就等于 10 个，再拿出 3 个就是 13。

生：7 放在脑子里，再掰 6 个手指，是 13。

生：7 -2 =5，6 -1 =5，5 +5 =10，2 +1 =3，10 +3 =13。

生：6 分成 2 和 4，7 +2 =9，9 +4 =13（9 +1 +1 +1 +1 =13）。

生：6、7 里面都有一个 5，加起来 10，10 +3 =13。

师：4 +8 你是怎么想的?

生：8 加 2 等于 10，10 加 2 等于 12。

生：8 比 10 少 2 的，10 加 4 等于 14。14 减 2 就等于 12。

生：不知道。

生：8 给 4 两个，都变成 6 加 6 等于 12。

女：4 +6 =10，10 +2 =12。

生：4 个东西，后来又放了 8 个东西，所以是 12。

生：12，9 个比 10 少 1 个，8 比 9 少 1 个，8 比 10 少 2 个，所以 4 +8 =12。

生：12，9 +1 =10，9 +2 =11，9 +3 =12。

生：8 后面是 9，10，11，12，所以等于 12。

生：4 加 8，退 2 进 1，等于 12。

生：用乘法算，3 个 4 是 12（2 个 4 是 8，加上前面 1 个）。

生：6 +6 =12，8 借给 4 两个是 6，结果是 12。

“看图写数”1 思考过程

生：两个两个地数。

生：3 +3 +2 =8，8 +4 =12。

生：2 +6 =8，8 +4 =12。

生：8 +4 =12。

生：逐个数。

生：4 +5 +3 =12。

生2：8 +1 =9，9 +1 +1 +1 =12。

师：“看图写数”2 你是怎么想的？

生：这里 7 个，那里 6 个，合起来就是 13 个。

生：有顺序的数，一排一排（横向）的数，就不会漏掉，是 13 个。

生：2 个加 3 个等于 5 个，5 个加 2 个等于 7 个，7 个加 6 个等于 13 个。

生：先数出 7，想到算式 7 +6，7 +3 =10，10 +3 =13。

生：一个一个数的。

生：两个两个数的。

生：3 +4 =7，7 +6 =13。

生：左边数出 7，7 +2 +2 +2 =13。

生：这半张有 7 个，这边 6 个，7 +6 =13。

生：右边 4、2 是 6，左边 4、3 是 7，7 +6 =13。

生：3 +3 =6，2 +3 +2 =7，7 +6 =13。

师：“看图写数”3 你是怎么想的？

生：9 +3 =12。

生：9 +1 +1 +1 =12。

生：共有 3 个三角形，9 减 3 等于 6。（师：为什么用减法？）我看它的样子像减法。

生：9、10、11、12。

生：猜的。

第三题情境题：

生：7 +7 =14，其余都比 14 小，所以得乌龟第一名。

生：4 +8 =12，7 +6 =13，9 +2 =11，7 +7 =14，所以得乌龟第一名。

生：小熊与小兔比，8 +4 =12 与 9 +2 =11 比，所以小熊得第一名。

生：其余动物都是比 9 小的，小白兔最多。

生：9 数字比 2、4、6、7、8 都要大。所以小兔得第一名。

生：2 +9 =11，8 +4 =12，6 +7 =13，7 +7 =14。

生：（情境描述了一遍）8 +4 =（停许久）兔子第一名。

生：兔子头朝天，太阳晒了，我不喜欢，乌龟可爱，打完了，身边有两个球，所以它第一。

生：小白兔原来第一次投了 2 个，第二次投了 9 个，9 -8 =1，2 +8 =10，10 +1 =11；小乌龟原来……7 -3 =4，3 +7 =10，10 +4 =14……（依此类推）所以小乌龟第一。

生：两个都一样（猜的）。

生：旁边的小朋友告诉我的。

生：（会读题）（手指兔子）9 给 2 一个剩 8，8 给 3 一个是 7，7 和 7 一样大，4 比 7 小；（手指熊）小熊第一次投了 6 个，乌龟第一次投了 7 个；（手指象）第一次弄一个给第二次剩下 7 个，第二次变成 5 个，5 个比 7 个少，所以乌龟第一名。

问题 1：计算、数感、情境题你更喜欢哪一种题目？为什么？

生：计算。计算的我喜欢。

生：情景题。打篮球很好玩。

生：情景题。很简单。

生：数感。有虚线隔开很好，很简单。

生：数感。这道题的得数小一点。

生：情景题。很有意思。

生：计算。每天练。

生：数感。可以数数。

生：数感。求总共的特别好玩，有花。

生：喜欢情境题。不知道为什么。

生：喜欢情境题。让我们记住小动物干了几件事，它们也很可爱。

生：喜欢情境题。我很自信。

生：喜欢情境题。跟游戏差不多。

生：喜欢情境题。好玩，有很多小动物。

生：喜欢情境题。喜欢动物，这幅图画好看。

生：喜欢计算题。喜欢数字，数字可以写得好看一些。

生：计算。因为几加几简单一些。

生：数感。因为它比较简单。

生：情境题。因为它很有趣。

生：情境题，因为这一题是我感兴趣的。

生：情境题，因为这一题有意思。

生：数感。（理由说不出）

生：数感，因为我想数东西。

生：计算。因为这题题目最多。

生：计算。因为这一题有很多算式，我们很多算式会了以后就知道怎么算了。

生：情境题。因为我最喜欢小动物。

研究报告

小学数学基本训练与小学生创造性思维发展的研究

一、怎样理解小学生的创造性思维

钱学森把创造性思维理解为人类智力的核心，是形象思维与抽象思维的综合运用，其中形象思维是关键。这一观点得到学界大多数人的支持。有学者认为（赵光武主编《思维科学研究》）创造性思维是与重复性（或再现性、或常规性）思维相对应的。判断创造性思维、重复性思维的标准有两个：一是就思维过程而言，是否有现成的规律、方法可以遵循的思维才能算是创造性思维。二是就思维结果而言，是不是前所未有的，凡思维成果是前所未有的，才能算是创造性思维。学者们认为：创造性思维有广义和狭义两种理解，广义的创造性思维是相对于个人而言的，只要是具备创新性、突破性、开拓性、综合性四个特征的就可以算是创造性思维；狭义的创造性思维是相对于全人类来说的，只有具备上述四个特征的思维才能算创造性思维。对于小学生来说，数学学习不仅意味着掌握数学知识，形成数学技能，而且还会发现与创建"新知识""新方法"（再创造），即能够进行一定的创造性数学活动。小学生的创造性活动同科学家的创造性活动是有区别的，小学生在学习数学的活动中不断产生对他们来说是新颖的、独特的东西，这是一种创造。笔者认为，小学生的创造性思维还是广义地理解为适合。

二、何谓发展创造性思维的小学数学基本训练

我们在教学实践中发现这样的事实：学生在学习两位数退位减法前，如果经过如下三题的训练：

（1）$75-30-8=$	（2）$47=50-\square$	（3）$81=79+\square$
$75-40+2=$	$29=30-\square$	$53=49+\square$
$69-38+6=$	$68=\square-2$	$64=\square+3$
$75-35-3=$		

那么学生在独立解决两位数退位减法 $75-38=?$ 时，就会将问题转化为

已学过的两位数减两位数的不退位减法和整个数减一位数的减法、两位数减一位数的退位减法来解决：

75－38＝69－38＋6　　75－38＝75－35－3　　75－38＝75－40＋2

这种解法对学生来说是独特的、新颖的。新颖独特是创造性思维的根本特征。小学生的创造性思维往往在数学活动的过程中逐渐得到发展。有效的数学基本训练，可以为学生进行创造性思维埋下“导火线”。

所谓发展创造性思维的小学数学基本训练，就广义来说，指配合小学数学教学内容，根据学生程度，教师指定学生在课内外所从事的能促进创造性思维发展的基本训练活动。狭义来说，就是教师针对小学数学教学内容，运用激发创造性思维的原理与策略，编制一些书面的问题或设计一些情境，让学生在学习新知识与新技能前后，进行专项的书面练习或操作活动。其目的在于使学生在获得新知识技能及解决新问题过程中，能自觉而独立地操纵条件和问题，找出解决问题的关系、层次和交结点；能从某一给定的信息中，产生各种各样的为数众多的信息，即找出两个或两个以上的答案、结论、方案或假设，得出的结果都包括新的因素（对学生们来说），从而促进学生的创造性思维的发展。

三、基本训练方案设计

有学者对创造性思维的操作方式做了研究。认为创造性思维的操作方式与其他思维形式一样，也是分析、综合、比较、抽象、概括等，其特殊性在于它的综合性。创造性思维操作是多种形式思维协调活动的综合体。如：创造性思维是发散性思维和集中思维的统一；是形象思维和逻辑思维的结合；是直觉思维与分析思维的互补；是显意识思维与潜意识思维的交融。怎样利用数学基本训练来促进学生多种思维方式的形成？怎样利用基本训练为学生的多种思维协调活动创造条件？这就是我们基本训练方案设计的关键所在。希望学生创造性地思维，首先要使学生想创造、其次要使学生会创造。笔者通过实践，认为，在设计基本训练方案时，可回答如下问题。

1. 学生将要学习什么新内容？（明确基本训练配合学习什么内容）

2. 在学习新知识、新技能及解决新问题过程中，希望学生自觉而独立地操纵什么条件？发现什么结论？解决什么问题？（制定基本训练的目标）

3. 学生可能会出现什么结果？需要知识铺垫吗？铺垫什么？（选择需激活的知识背景）

4. 学生可能会出现什么结果？需要思维铺垫？铺垫什么？（选择基本训

练的策略）

5. 怎样组织训练内容？（设计基本训练的环节）

下面是配合学习“一位数乘两位数”的基本训练方案设计举例。

训练内容	（一）数与代数　1. 数的运算		
配合教材内容	一位数乘两位数		
训练目标	能自觉地发现计算两位数乘一位数多种口算方法，能自觉地从多种方法中发现最简便合理的方法。能将这种方法迁移到三位数乘一位数乘法和相应的除法		
训练策略	扩展、求异、转换		
教学资源	大屏幕、视屏展示台		
训练年级及人数	二年级（下）48 人	指导教师	邱向理
训练日期	2000 年 4 月 17 日	训练时间	40 分
效果评估（√）	√（1）有效：训练后比训练前达标人数增加 60% 以上。 （2）部分有效：训练后比训练前达标人数增加 30% ~59%。 （3）无效：训练后比训练前达标人数增加 30% 以下。		

训练过程（训练题、指导语、学生反馈情况）（可附页）

1. 扩展训练

口算：

$3 \times 3 =$	$4 \times 2 =$	$7 \times 8 =$	$80 \div 2 =$
$30 \times 3 =$	$40 \times 2 =$	$7 \times 80 =$	$80 \div 40 =$
$300 \times 3 =$	$400 \times 2 =$	$7 \times 800 =$	$560 \div 80 =$
$3000 \times 3 =$	$4000 \times 2 =$	$7 \times 8000 =$	$560 \div 7 =$

2. 求异、求优训练

（1）数一数有几个★？有几种不同的数法，请列式？

★★★★★★★★★★★★

★★★★★★★★★★★★

★★★★★★★★★★★★

★★★★★★★★★★★★

学生反馈：① $12 + 12 + 12 + 12 = 48$。

② 10×4＝40，2×4＝8，40＋8＝48。

③ 6×4＝24，6×4＝24，24＋24＝48。

④ 2×4＝8，10×4＝40，12×4＝48。

其他方法（略）

你认为哪种数法最合理又最快？

（第②种方法）

3. 转换训练

（1）找规律填空

① 5×3＝□　　② 4×5＝□

2×3＝□　　3×5＝□

7×3＝□　　7×5＝□

③ 2×4＝□　　④ 6×4＝□

4×4＝□　　6×4＝□

□×4＝24　　12×□＝□

（2）填空

① 5×3＋2×3＝□×3，7×3＝5×3＋□×3；

② 4×5＋3×5＝□×5，7×5＝4×□＋3×□，

7×5＝□×5＋□×5；

③ 7×4＝□×4＋□×4，17×4＝□×4＋□×4。

笔者在二年级的 7 个班做了这样的对比实验：在学“一位数乘两位数”前为学生提供一个情境，要求看图编乘法算式（3×2，6×3，5×3，12×4），然后尝试解答：$12\times4=?$。

未作基本训练的学生，出现了两种解决方法：

①$12\times4=12+12+12+12=48$　②因为 $2\times4=8$，$10\times4=40$，所以 $12\times4=40+8=48$。

第①种方法是利用已学过的乘法意义进行计算。第②种方法只有个别学生会做（据了解，是家长教的）。

通过基本训练的学生，在尝试 $12\times4=?$ 时，就出现了如下 9 种解决方法：

① $12+12+12+12=48$

② $6\times4=24$，$6\times4=24$，$12\times4=48$

③ $10\times4=40$，$2\times4=8$，$12\times4=48$

④ $8\times4=32$，$4\times4=16$，$12\times4=48$

⑤ $12\times2+12\times2=48$

⑥ $(12+12)\times2=24+24=48$

⑦ $2\times4=8$，$10\times4=40$，$12\times4=48$

⑧ $6\times4=24$，$24+24=48$

⑨ $7\times4=28$，$5\times4=20$，$12\times4=48$

大部分学生还能解答如下一组题目。

$27\times3=$　　$270\times3=$　　$810\div3=$　　$810\div27=$

显然，学生思维的流畅性（方法多样，共有 9 种不同方法）、灵活性（方法类别不同，有连加的，有拆分两位数的，并且能将一位数乘两位数的口算方法迁移到一位数乘三位数及相应的除法）、独创造性（第②～⑨种方法对学生来说是新颖的、独特的）等有了明显的提高。我们发现小学生创造性思维发展的潜力是很大的。如果进行有效的基本训练，这个潜力就能获得很大的发展。

在设计训练方案时，还要注意如下几点。

（1）设计的问题情境应该对学生来说是熟悉的、生动的、有趣的、富有挑战性的。只有当学生对训练材料感兴趣了，他才能真正进入思维操作状态。

（2）设计的训练内容不能涉及将要学习的新知识、新技能。应让学生在获得新知识技能及解决新问题过程中，通过多种思维形式（选择、转换、重组、归类、比较、概括、类推、传递关系、归纳推理、演绎推理）的协调活动，产生新的知识、技能。

四、常用的基本训练策略

有学者对创造性思维构成的因素做了研究。日本的恩田彰提出四条，美国的托兰斯提出六条，美国的吉尔福特提出如下八条：对问题的敏感性；观念的流畅性；思维的灵活性；观念的新奇性；综合能力和分析能力；重新界说能力；观念结构的广度评价。笔者认为，小学数学基本训练，具有发展学生创造性思维的功能，但这种功能，只有自觉地加以运用才能得到发挥，并且创造性思维的发展能为学生创造性解决数学问题提供条件，必然会促进学生对数学知识技能的掌握，有助于数学教学质量的提高。我们将小学数学基本训练按教学内容分成五个部分：（1）配合数学概念、公式、法则、定律等的学习；（2）配合数、式运算的学习；（3）配合概率与统计的学习；（4）配合空间与图形的学习；（5）配合联系与综合的学习。采用一定的策略着重培养和发展学生思维的流畅性、变通性、独特性、精致性、逻辑性和综摄性等。

配合教学内容	常用训练策略举例	创造性思维的发展
数学概念、公式、法则、定律	不同叙述法：用不同方式表述同一概念	培养思维的流畅性、变通性、独特性、精致性
	联想法：由一个概念想到另一个概念	培养想象力
	内涵外延扩缩法：增加或减少概念的内涵，列举概念的外延。增加或减少概念的外延，归纳概念的本质属性	培养思维的流畅性、变通性、逻辑性
	结构法：将所学概念按种属关系画出结构图	培养思维的逻辑性，思维的综摄性
	分类法：对诸多概念按不同标准分类	培养思维的流畅性、变通性、逻辑性

续表

配合教学内容	常用训练策略举例	创造性思维的发展
数学概念、公式、法则、定律	类推法：由一类概念或特性，认识另一类概念或特性	培养思维的逻辑性、变通性
	比较法：对相似、相反概念的本质属性进行比较	培养思维的精致性
	找规律法：对个别进行观察分析，概括出共同特点	培养思维逻辑性
	假设验证法：猜测结论、验证假设	培养想象、估计、操作观察、分析、归纳能力，发展思维的流畅性和逻辑性
数与式的运算	求异法：用多种方法计算	培养思维的流畅性、变通性
	求优法：在多种方法中选出最佳方法	培养思维的精致性，综摄性
	求新法：在多种方法中选出最独特的方法	培养思维的独特性
	扩展法：将已获得的方法扩展适用范围	培养思维的流畅性、变通性
	代换法：等量代换、等式代换，用熟悉的方法解决新问题	培养思维的流畅性、变通性、独特性
	估算验证法：对计算结果进行估算，然后用精确计算来验证	培养思维流畅性、逻辑性
空间与图形	图形分割法：按某一要求列出图形的不同分割法	培养思维的流畅性、变通性、独特性
	图形分解重组法：即等积变形	培养思维的流畅性、变通性、独特性
	图形组合法：用基本图形组合成新的图形	培养思维的流畅性、变通性、独特性、精致性

续表

配合教学内容	常用训练策略举例	创造性思维的发展
空间与图形	图形旋转平移法：对图形的形状特征从不同的角度进行观察、认识	培养观察能力、空间观念，发展思维的变通性和逻辑性
	找隐蔽图形法：在较复杂的图形中找出给定的简单图形	培养观察、概括能力，发展思维的逻辑性
	完整图形法：给出图形的基本结构，将图形补充完整	培养思维的流畅性、变通性、独特性、精致性
统计与概率	有序搭配法：将不同的事件有序组合	培养思维的有序性、深刻性、精致性
	信息取舍法：从众多信息中获取有效信息	培养概括能力，发展思维的逻辑性
	分析推断法：分析统计数据，推断结果或对发展趋势做出判断	培养分析、判断、推理能力，发展思维的综摄性
	猜测验证法：对事件发生的可能性进行猜测，然后通过操作实验进行验证	培养直觉思维和实验能力，发展形象思维和抽象性思维
联系与综合	数学问题提炼法：在给定的情境中发现数学问题。用“已知”“求”表述	培养分析、获取有效信息的能力和概括能力，发展逻辑性思维
	策略求异法：用不同方法解决同一问题	培养思维的流畅性、变通性，发展发散性思维
	策略优化法：在多种策略中选择最佳策略	培养思维的精致性，发展聚合性思维
	策略求新法：在多种策略中选择最独特的策略	培养思维的独特性
	问题条件扩缩法：将问题的条件增加或减少，思考结果会有什么变化	培养思维的流畅性和变通性，发展发散性思维

续表

配合教学内容	常用训练策略举例	创造性思维的发展
联系与综合	结论改变法：将结论改变，思考条件应如何增加或减少	培养逆向思维的能力，发展思维的灵活性
	自编数学问题法：对已知的数量关系进行新的组合，编出新的数学问题	培养思维的流畅性、变通性、独特性、精致性
	信息交合法：把所掌握知识（包括知识、经验、技能等）从多角度进行交合，从而生成大量的新信息	培养和发展思维的发散性、逻辑性、综摄性

主要参考文献

1. 赵光武．思维科学研究［M］．北京：中国人民大学出版社，1999.
2. 吉尔福特．创造性才能［M］．北京：人民教育出版社，1991.
3. 朱智贤，林崇德．思维发展心理学［M］．北京：北京师范大学出版社，1986.
4. 段继扬．创造性教学通论［M］．长春：吉林人民出版社，1999.
5. 陈龙安．创造思考教学的理论与实践［M］．台北：心理出版社有限公司，1988.
6. 恩田彰，等．创造性心理学［M］．陆祖昆，译．北京：五洲出版社，1988.

责任编辑　杨晓琳
版式设计　尹明妤
责任校对　贾静芳
责任印制　曲凤玲

图书在版编目(CIP)数据

邱向理：从有心人做起／丛立新，黄华．—北京：教育科学出版社，2007．11(2013．4 重印)
(名师成长轨迹访谈录／郭华主编)
ISBN 978-7-5041-3952-8

Ⅰ．邱…　Ⅱ．①丛…②黄…　Ⅲ．邱向理—访问记　Ⅳ．K825．46

中国版本图书馆 CIP 数据核字(2007)第 156540 号

出版发行	教育科学出版社		
社　　址	北京·朝阳区安慧北里安园甲 9 号	市场部电话	010-64989009
邮　　编	100101	编辑部电话	010-64989593
传　　真	010-64891796	网　　址	http://www.esph.com.cn
经　　销	各地新华书店		
制　　作	北京金奥都图文制作中心		
印　　刷	保定市中画美凯印刷有限公司	版　　次	2007 年 11 月第 1 版
开　　本	169 毫米×226 毫米　16 开	印　　次	2013 年 4 月第 4 次印刷
印　　张	12.75	印　　数	7 001—8 000 册
字　　数	188 千	定　　价	22.00 元